플로우 골프 클리닉

레슨, 부상, 재활까지 골퍼를 위한 필수 스윙 클리닉

플로우 골프 클리닉

FLOW GOLF CLINIC

최대룡 · 이고은 지음

**유튜브 Flow Golf 최대룡 프로와
재활의학과 이고은 원장의
최고의 골프 컨디셔닝**

Booksgo

몰입하는 골프로
자연스러운 스윙을 시작할 때

골프의 인기가 치솟으면서 골프를 배우는 방법과 경로가 다양해졌지만, 그만큼 올바르지 않거나 자신에게 맞지 않는 레슨을 접하기도 한다. 그렇게 맞지 않는 스윙을 이리저리 따라 하다 보면 오히려 골프에 대한 흥미가 떨어지고 지치기에 이른다. 때문에 골프는 처음이 중요하다.

아마추어가 쉽게 간과하는 두 가지가 있다. 첫 번째, 기본적인 골프 스윙의 원리를 알고 나의 스윙은 어떠한지 알 수 있는 시각이 필요하다. 두 번째, NG 자세들의 명칭과 형태를 알고, 그 스윙이 내 몸을 어떻게 해치고 있으며, 공에 어떤 영향을 주는지 알아야 한다.

《플로우 골프 클리닉》은 그 두 가지에 집중했다. 스윙의 기본 틀을 정확히 이해할 수 있도록 정면과 측면으로 나누어 스윙 동작마다 체크 포인트를 넣었고, 기준선을 명확하게 표시해 스스로 자신의 스윙을 체크할 수 있도록 하였다. 만약 나의 스윙 자세가 기준선에서 벗어나 있다면 오류가 일어난 신체적 원인은 무엇이고, 어떤 스윙의 특성이 나타나는지, 공에는 어떤 영향을 미치는지, 더불어 단계별 연습 방법으로 보다 완벽한 스윙을 구사할 수 있을 것이다. 마지막으로 어떤 잘못된 동작이 나의 건강을 해치는지 그 이유와 컨디셔닝을 위한 운동 방법도 담겨 있으니 제대로 된 건강한 스윙을 알아가길 바란다.

'이렇게까지 다 알아야 해?'라고 물어볼지도 모르겠다. 좋은 골프 프로에게서 지속적으로 스윙을 체크하고 레슨을 받는다면 굳이 다 알 필요는 없겠다. 하지만 그렇지 않다면 쏟아지는 골프 레슨 정보에 대응하기 위해 스윙에 대한 지식을 가지고 있어야 한다.

제대로 된 스윙을 배우길 원하거나 골프 스윙을 어떻게 해야 할지 방향을 잃었다면 《플로우 골프 클리닉》을 통해 골프 스윙이 머릿속에서 정리하고, 스스로 스윙을 분석하는 눈을 가지기를 바란다. 이어 연습과 실력 증진을 위해 무엇에 몰입(flow)해야 할지 알게 된다면 자연스럽게 몸과 머리가 이어지는(flow) 편한 스윙을 이룰 수 있을 것이다.

여러분의 스윙이 한 단계 업그레이드 될 수 있기를...

Flow Golf **최대롱**

골프만 하지 말고
골프 체형을 만들자

소위 '골프 8학군'이라고 불리는 용인에 병원이 위치해 있는 만큼 골프 부상으로 인해 통증을 호소하는 사람들을 많이 만난다. 골프 초보자들은 주로 손가락이나 팔꿈치 통증, 혹은 갈비뼈나 날개뼈 통증으로 고생을 하다 병원의 도움을 받으러 온다.

반면 프로나 골프를 오래 친 사람들은 과사용으로 인한 어깨, 허리, 손목 통증을 많이 겪는다. 이렇게 아프고 마음대로 되지 않아 짜증나고 힘든 운동이지만 그럼에도 골프를 쉽사리 그만둘 수 없는 이유는 짜릿한 재미를 가진 운동이 바로 골프이기 때문이다.

병원을 찾는 환자들에게 가장 많이 권하는 조언 중 하나가 바로 '골프만 하지 말고 골프 체형을 만들어보세요'라는 말이다. 가령 일자목, 거북목 체형을 가진 사람의 경우 흉추가 뻣뻣하고 라운드 숄더가 있어 몸통과 어깨 회전이 잘 되지 않는다. 그리하여 날개뼈와 갈비뼈 등 몸통 부상이 잦고, 더 나아가서는 통증이 반복되다 골프를 포기하기까지 이른다.

이러한 경우라면 매일 200개씩 공을 치는 연습보다는 거북목, 굽은 등을 펴주는 운동을 하는 것이 스윙과 스코어를 향상시키는 데 훨씬 더 도움이 된다.

《플로우 골프 클리닉》을 통해 흔하게 나타나는 스윙에서의 잘못된 자세와 이를 해결하기 위한 재활 방법들을 소개하고자 했다. 스윙 테크닉에 집중한 다른 책들과 달리 올바른 자세가 만들어질 수 있도록 돕는 근육, 체형에 대한 근본적 이해를 돕고자 했다. 또한 재활을 통해 부상을 예방하고, 이미 통증이 있는 사람이라면 완화가 될 수도 있으니 골프를 사랑하는 많은 사람들에게 도움이 될 수 있으리라 기대한다.

재활의학과 전문의 **이고은**

contents

Chapter 02 **백스윙**

contents

Chapter 03 전환 동작과 다운스윙

Chapter 04　임팩트

contents

Chapter 05 팔로우 스루와 피니시

[Special] **라운딩 전 워밍업과 골프 부상 Q&A**

PART 01 　스윙을 이해하다

올바른 스윙을 위해 스윙이 어떤 원리와 흐름으로 만들어지는지 이해할 수 있습니다. 또한 나의 스윙을 관찰하고 분석할 수 있는 방법을 알려줍니다.

PART 02 　스윙 5단계 정복하기

어드레스, 백스윙, 전환 동작과 다운스윙, 임팩트, 팔로우 스루와 피니시 총 5단계를 정면과 측면으로 나누어 올바른 스윙을 완성할 수 있습니다.

Special 　라운딩 전 워밍업과 골프 부상 Q&A

건강하게 골프를 즐기기 위해 부상을 방지할 수 있는 워밍업 동작들과 잘못된 스윙으로 인해 발생하는 대표적인 골프 부상에 대한 궁금증을 풀어줍니다.

○ 완벽한 스윙을 완성하는 step 5

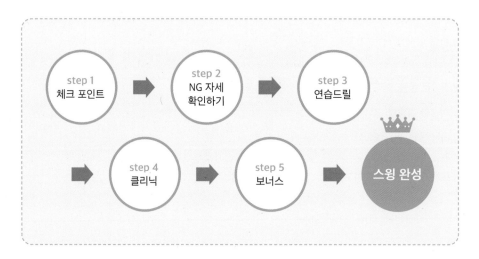

step 01 체크 포인트

정면, 측면으로 나누어 스윙 단계마다 어떻게 자세와 움직임을 취해야 하는지 중요한 포인트를 확인할 수 있습니다.

★ 각 스윙 단계별로 기준선을 표시해두어 스스로 자신의 스윙을 체크하고 바른 스윙의 자세를 알 수 있습니다.

step 02 NG 자세 확인하기

스윙 단계에서 나타날 수 있는 잘못된 NG 자세에 대해 확인할 수 있습니다.
NG 자세가 생기는 원인을 알아보고 NG 자세로 스윙을 하게 되면 생기는 문제점들에 대해 알아봅니다.

★ 각 스윙 단계별로 기준선과 NG 선을 표시해두어 스스로 자신의 스윙 자세 문제점을 진단할 수 있습니다.

step 03 연습드릴

스윙 단계별 맞춤형 연습드릴을 함께 연습하면서 잘못된 NG 자세를 교정하고 올바른 스윙 자세를 익힐 수 있습니다.

★ 연습드릴을 진행하면서 제대로 된 스윙의 느낌을 알아갈 수 있습니다.

step 04 클리닉

스윙 단계별로 잘못된 자세로 인해 통증이 일어나는 원인에 대해 알 수 있습니다.
스윙 단계별로 중요시되는 신체 부위에 대한 이해와 컨디셔닝을 높이는 운동 동작들을 통해 부상 없이 건강한 골프를 즐길 수 있습니다.

★ 운동 시간, 횟수, 세트에 맞춰 운동 동작들을 진행하면서 컨디셔닝을 높이고 부상을 예방할 수 있습니다.

step 05 보너스

스윙 단계별로 더 알아두면 좋은 보너스 내용을 소개합니다.

PART 01

스윙을
이해하다

올바른
스윙의 움직임
파악하기

좋은 스윙을 하고 싶다면 스윙이 어떤 원리로 만들어지는지 이해해야 한다. 스윙 동작은 몸통의 회전과 팔의 움직임의 조화를 통해 커다란 원을 그리는 과정이다. 전체적인 스윙의 흐름이 잘 이루어져야 스윙이 끊기거나 축이 흔들리지 않고 정확하고, 파워풀하게 스윙을 할 수 있다.

스윙, 흔들리지 않는 커다란 원을 그려라

골프 스윙을 제대로 이해하기 위해서는 커다란 원을 어떻게 그리는지 이해해야 한다. 골프 스윙의 전체 움직임은 정면에서는 커다란 원이 그려지고, 측면에서는 그 원의 기울어진 단면이 그려진다. 스윙을 위한 완벽한 원을 그리기 위해서는 두 가지를 우선시해야 한다.

첫 번째는 '축'이다. 원이 일정한 크기로 그려지기 위해서는 몸통이 축이 되어 올바른 기울기로 회전해야만 한다. 그렇지 않고 정면 축이 흔들린다면 정면에서 스윙을 봤을 때 척추의 각도가 타깃을 향하거나 척추가 지나치게 타깃 반대쪽으로 기울어지게 된다. 정면 축에 변화가 생기면 원의 최저점이 달라지고 뒤땅(클럽이 공보다 땅을 먼저 치는 동작)이나 공을 제대로 맞추지 못하고 탑핑

스윙 정면 움직임

(Topping, 클럽 면으로 공을 제대로 치는 것이 아닌 공의 윗부분을 헛치는 동작)이 될 수 있다. 그리고 축이 왼쪽으로 기울어지면 아웃인 궤도로 클럽이 지나가게 되면서 슬라이스 구질(Slice, 공이 오른쪽으로 휘는 구질) 또는 풀 구질(시작 방향이 타깃 왼쪽 방향의 구질)을 만들게 된다.

　다음으로 측면에서도 스윙 중의 축을 살펴보자. 백스윙 또는 다운스윙에서 머리가 지나치게 들리거나 숙여질 때, 또는 엉덩이가 공 쪽으로 다가가는 등 측면 축에 변화가 생기면 공에 너무 가까워져 뒤땅이나 공에서 너무 멀어져서 탑핑이 될 수 있고, 클럽 헤드 안쪽 목에 맞는 생크(Shank, 임팩트에서 공이 클럽 헤드 안쪽 목에 맞아서 날아가는 현상)도 발생할 수 있다. 정면에서 축이 바르더라도 측면에서는 축이 바르지 않을 수 있다. 반대로 측면에서 좋아 보여도 정면에서는

스윙 측면 움직임

흔들릴 수 있다. 그렇기에 정면과 측면을 모두 확인해야 한다.

앞에서 설명한 것처럼 몸의 축은 스윙에서 너무나도 중요한데, 스윙을 단계별로 쪼개거나 다른 스윙 스타일을 이야기할 때에도 언제나 축은 스윙의 기본이 된다.

두 번째로 강조하고자 하는 점은 바로 '균형'이다. 몸이 지면에서부터 발, 무릎, 골반, 흉부까지 차곡차곡 쌓여 있도록 해야 한다. 스쿼트 동작을 제대로 배운 사람이라면 이해가 빠를 것이다. 골프에서의 셋업 자세는 엉덩이, 무릎, 발목에 굴곡이 있는 자세이고 셋업에서든 스윙 중이든 균형이 무너지면 한쪽으로 움직임이 쏠리거나 일어나는 등 축을 무너뜨리는 일을 만든다.

축과 균형, 가장 기본이 되는 두 가지를 기억한다면 처음에는 어렵더라도 점차 흔들림 없는 커다란 원을 만들어갈 수 있을 것이다.

스윙에서의 균형

당신이 잘못 알고 있는 스윙의 핵심

스윙 동작은 무수히 많다. 하지만 그 어떤 스윙에도 염두에 두어야 할 중요한 몇 가지가 있다. 골퍼에 따라 스윙 스타일은 제각기 다르지만 이어 소개할 점들은 스윙의 핵심이니 만큼 반드시 기억하며 골프를 즐겨보자. 이 개념을 확실히 가진다면 장님 여섯 명이 저마다 다르게 코끼리를 말하는 일은 없을 것이다.

임팩트가 왕이다

모든 자세는 임팩트를 위해 존재한다고 해도 과언이 아니다. '임팩트가 왕이다.' 이 말을 꼭 기억하자. 많은 아마추어들이 골프 연습과 레슨을 받으면서 자주 빠지게 되는 함정이 자세나 모양에 치중하다가 실제 공을 다루는 감각을 키우지 않는다는 것이다. 넓고 각진 백스윙이 목적인 것처럼 스윙하거나 테크닉에만 치중하면 실력 향상이 더뎌진다. 예를 들면 이러한 경우들이다.

올바른 임팩트 모습

잘못된 임팩트로 인해 잘못된 스윙이 생기는 경우

❶ 임팩트를 할 때 공이 계속 페이스 면
아래쪽에 히팅되면서 한 번씩 탑핑이
생기는데, 공을 띄우고 싶어서 퍼 올리
거나 걷어 올리는 스윙을 한다.

❷ 헤드 면이 오른쪽을 향한 임팩트가 되
면서 공이 계속 타깃 오른쪽으로 가는
데, 전체 스윙의 궤도를 엎어 치면서
당기는 형태로 잘못된 스윙을 한다.

❸ 헤드 면이 왼쪽을 향한 임팩트가 되고
공이 타깃 왼쪽으로 가는데, 당겨 쳤다
고 생각하고 타깃 오른편으로 밀어내
는 형태로 잘못된 스윙을 한다.

많은 프로들의 스윙을 보더라도 백스윙과 팔로우 스루 모양이 제각각 다르
고, 다양한 스윙들이 존재하지만 임팩트 자세만큼은 너무나 비슷하다는 점을
알 수 있다. 이것이 바로 임팩트가 가장 중요하다는 증거다.

임팩트 구간을 살펴보면 크게 6가지가 일어난다.

> **임팩트 구간에서 나타나는 6가지**
> ❶ **Centerdness of contact** 페이스 정중앙에 맞춘다.
> ❷ **Face angle** 임팩트 순간 헤드가 타깃을 향하거나 타깃 좌우로 향한다.
> ❸ **Club path** 임팩트 구간에서 클럽 헤드가 타깃 기준 오른쪽으로 지나가거나(In to Out) 왼쪽으로 지나간다(Out to In).
> ❹ **Dynamic loft** 임팩트 순간 헤드 면의 로프트 각도
> ❺ **Angle of attack** 클럽 헤드가 공으로 내려치거나 올려치는 접근 각도
> ❻ **Club speed** 임팩트 구간 클럽 헤드 스피드

백스윙은 다운스윙을 위한 단계고, 다운스윙은 임팩트를 위한 단계다. 팔로우 스루 또한 임팩트를 취할 때 잘 빠져나가게 하기 위한 과정이다. 또한 균형과 마무리를 잡아주는 피니시 또한 일관된 임팩트를 이루기 위한 과정으로 모든 일련의 동작들은 결국 임팩트를 위한 것이라고 보면 된다.

결국 공놀이다

"골프를 들여다보면 결국 목표, 공, 헤드 면. 이 세 가지만 남는다."

이 사실을 깨닫고 스윙을 한다면 훨씬 좋은 흐름과 감각으로 이어지는 스윙을 할 수 있다.

다른 구기 운동을 한다고 상상해보자. 공의 성질과 들고 있는 라켓 또는 클럽의 특성을 머릿속에 떠올려보는 것이다. 공 없이 빈 스윙을 빠르게 하는 것보다 공을 치는 것은 확실히 더 섬세한 감각이 필요하다. 테니스를 할 때, 탁구를 할 때도 우리는 자세를 신경 쓰기보다 공의 어떤 면을 쳐서 어디로 보낼 것인가를 먼저 생각하고 몸을 컨트롤한다.

골프도 다른 구기 운동처럼 결국 공놀이다

하지만 우리는 종종 골프가 공놀이라는 사실을 잊어버린다. 골프를 배우다 보면 어쩔 수 없이 자세를 교정하게 되고, 스윙의 모양에 신경 쓰게 되고, 그러면서 점점 무용이나 체조와 같이 공 없이 하는 운동인 것처럼 골프를 하게 된다. 그렇다면 스윙의 모양은 좋아지더라도 점차 공을 다루는 감각을 떨어뜨리는 움직임을 하기 쉽다.

자세를 잡는 것도 매우 중요하지만 더 중요한 것은 목표를 인지해 방향을 잡는 것이다. 그리하여 공이 날아갈 것이라 예상되는 모양을 하늘에 그리고 클럽 헤드 면으로 공을 쳐서 원하는 곳으로 공을 보내면 된다.

혹시 내가 어느 순간 필드에서조차 게임 중에 자세를 잡는 데에만 열중해 있다면 이것을 기억하자. 골프는 결국 목표와 공과 헤드 면이다.

스윙의 관찰과 분석

스윙이 좋아지려면 올바른 스윙 방법을 아는 것도 중요하지만, 현재 나의 스윙을 지속적으로 관찰하고 분석하는 과정이 꼭 필요하다. 현재 내 상태에서 잘못된 점을 바로잡는 것만으로도 스윙은 충분히 좋아질 수 있다.

지금 나의 스윙 자세는 괜찮은가

스윙 분석에는 비디오 분석, 3D 모션 분석이 있다. 3D 모션 분석은 센서를 몸에 착용하고 스윙의 효율을 검사할 수 있는 방법이다. 가장 쉽고 보편적으로 사용하는 방식이 바로 비디오 분석인데, 스윙을 각각 정면과 측면에서 촬영한다. 뒤에서나 위에서 촬영하면 더 많은 정보를 알 수 있지만 일반적인 레슨에서는 정면과 측면이면 충분하다. 현재 대부분의 개인 레슨이나 미디어에서도 정면과 측면으로 스윙을 분석한다.

그렇기에 이 책은 정면 스윙과 측면 스윙으로 나누어 설명했다. 여러분이 만약 레슨을 받고 있다면 이 책으로 레슨을 이해하기가 훨씬 쉬워질 것이다. 이제 막 골프를 시작했거나, 골프를 오래 했지만 어디가 잘못되었는지 문제점을 찾지 못하고 있거나, 골프를 독학으로 하고 있다면 특히 정면과 측면 영상을 찍어서 확인하는 것을 강력히 권한다.

핸드폰이면 충분하다. 헤드의 모양까지 자세히 보고 싶다면 캠코더로 최소 2,000분의 1 셔터 스피드로 촬영하면 된다. 그러나 핸드폰 카메라로 촬영해도 몸의 동작이나 손목 동작까지는 모두 확인할 수 있다.

핸드폰 거치대와 삼각대를 구비하고 연습장에서 정면, 측면 촬영을 해보자. 측면 촬영을 할 때에는 셋업 시 목표 선과 평행하도록 손과 카메라가 맞추어져야 한다. 위치가 삐뚤면 실제로 좋은 스윙이 엎어 치는 궤도처럼 보이는 등 스윙의 궤도나 자세가 다르게 보일 수 있으니 주의해야 한다. 정면으로 촬영할 때에는 손의 높이가 목표 선과 직각이 되게 한다.

캠코더로 촬영하는 스윙의 정면, 측면 자세

스윙 시퀀스를 알면 비거리가 달라진다

우리 몸은 단순하지 않아서 몸의 축이 유지되더라도 스윙의 리듬과 순서가 맞지 않으면 올바른 원의 형태가 나오기 어렵다. 또한 스윙을 해서 공을 똑바로 보내는 것만이 아닌 멀리 공을 보내는 것도 매우 중요한데, 이러한 힘 전달 테크닉을 연습하면 힘의 낭비 없이 효율적으로 먼 거리까지 공을 보낼 수 있다.

물론 비거리는 근력이나 몸의 안정성, 가동성 등 많은 요소에 의해 결정되지만, 가령 200미터를 충분히 칠 수 있는 사람이 130미터밖에 치지 못하는 일이 골프에서 매우 흔하게 나타난다. 이러한 경우 여러 문제점이 있을 수 있겠지만 스윙 시퀀스가 제대로 이루어지지 않아 생기는 문제가 대부분이다.

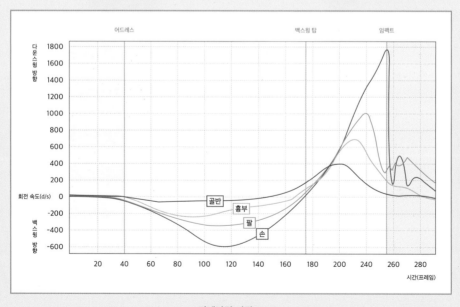

키네마틱 시퀀스

흔히 키네마틱 시퀀스(Kinematic sequence)라고 말하는데, 다운스윙 시 '골반→상체→팔→클럽' 순서로 전환 동작이 이루어지고 '골반→상체→팔→클럽' 순서로 최고 스피드(Peak speed)에 도달한다. 또한 동일하게 '골반→상체→팔→클럽' 순서로 감속이 이루어진다. 이러한 순서가 잘 지켜질 때 스윙의 효율을 최대로 끌어올려 적은 힘으로 멀리 공을 보낼 수 있다.

로켓의 원리를 생각해보자. 로켓은 가지고 있는 추진 연료를 3단계로 나눠서 사용한다. 1단계 연료를 다 쓰면 2단계 연료를 쓰고, 2단계 연료를 다 쓰면 또 연료 통을 버리고 마지막으로 3단계 연료를 쓰는 식이다.

이 원리를 그대로 골프에 적용해보자면 가속 순서를 위해 흔히 '하체 리드를 해야 한다', '백스윙 탑에서 덤비지 말아라'의 말을 듣게 되고 '래깅(Lagging, 백스윙에서 다운스윙으로 내려올 때 손목이 풀리지 않고 클럽을 손보다 뒤로 위치시켜 가져오는 동작)'이라는 단어를 쓰면서 클럽 헤드가 다운스윙에서 뒤처지는 동작으로 가속의 순서를 만들게 된다.

감속 순서를 위해 많이 사용되는 단어가 '릴리스(Release, '풀어준다'는 뜻으로 임팩트 이후에 공의 스윙 궤도와 속도를 이어가는 동작)'인데 공을 던질 때 손에서 힘이 빠지는 것과 같은 일이 일어나듯 임팩트 이전에 가속되던 하체, 상체 팔이 감속될 때 손에서 클럽이 던져지는 일이 생기고 클럽 헤드가 빨라지게 된다.

쉽게 정리하자면 다운스윙은 하체로 중심 이동이 선행되어야 하고 임팩트 시 클럽이 공으로 잘 던져져야 한다.

만약 어렸을 적부터 구기종목 운동을 많이 했거나 공 던지기를 많이 해본 사람이라면 골프 스윙에서 스윙의 시퀀스를 배우지 않았는데도 어느 정도 저절로 되는 경우가 많다.

스윙 순서는 우리가 손으로 공을 힘껏 던질 때 이루어지는 동작과 흡사하다. 지면에서 시작해 '하체→골반→상체→팔→손→클럽' 순서로 힘이 전달된다.

효율적인 다운스윙 순서

PART 02

스윙 5단계 정복하기

Chapter 01
어드레스

편안한 스윙을 하려면 준비 자세인 어드레스가 편안 해야 한다. 균형이 잘 잡혀 있어야 하며, 그립은 견고 하게 세지 않은 힘으로 잡지만 팔과 어깨는 몸을 자 연스럽게 따라다닐 준비가 되어 있어야 한다.

정면 어드레스 자세는 특별히 드라이버 자세도 추가 했다. 드라이버는 공을 티 위에 올려놓고 치지만 아 이언은 주로 공을 바닥에 놓고 치기 때문이다. 드라 이버 샷과 아이언 샷에서 공의 위치가 다르기 때문 에 정면에서의 어드레스 포지션에서 차이가 생긴다. 또한 드라이버의 경우 비거리를 내기 위해 사용되고, 아이언의 경우 비교적 짧고 정교한 플레이를 위해 사 용되기 때문에 둘의 차이를 알고 어드레스를 진행하 는 것이 좋다.

정면 어드레스
아이언 체크 포인트

❶ 어깨 각도

어깨는 경직되거나 솟아 있지 않게 하고 팔은 어깨에서 툭 떨어뜨린다. 일부러 쭉 뻗지 않아도 자연스럽게 펴진 상태로 팔과 어깨가 삼각형을 이루게 한다.

Tip 그립을 잡으면 오른손이 왼손보다 아래에 위치하기 때문에 오른쪽 어깨가 살짝 내려가면서 오른쪽으로 각도가 기울게 된다.

❷ 척추 각도

머리에서부터 척추 각도가 직선이거나 약간 기울어지도록 한다. 머리와 상체가 절대 타깃 쪽으로 기울지 않아야 한다.

Tip 엉덩이가 상체보다 타깃에 가까우면 척추가 약간 기울면서 하체가 앞서가는 스윙을 할 수 있다.

❸ 골반 각도

골반은 지면과 평행하거나 왼쪽이 1~2도 정도 높아도 좋다.

Tip 오른쪽 골반이 높으면 척추가 왼쪽으로 기울게 되기 쉽고, 척추가 바르게 정렬되지 못한다.

❹ 손의 위치

왼손은 시계 방향으로 살짝 돌아가고, 왼 손바닥은 4시 방향을 향한다. 오른손은 악수하듯이 손바닥이 9시 방향을 향하도록 잡는다.

양손이 맞닿은 상태에서 손의 위치는 양발의 가운데보다 약간 왼쪽 허벅지 안쪽으로 위치시킨다.

❺ 스탠스

편하게 어깨 넓이 정도로 벌린다. 발 끝은 자신이 편한 정도의 각도를 유지하며 체중은 양발에 5:5로 싣는다.

❻ 공의 위치

양발 사이, 명치 아래에 위치한다는 느낌으로 둔다. 왼발을 기준으로 한 뼘 정도 안쪽으로 공을 두고 클럽의 길이에 따라 오른발의 위치만 이동시켜도 좋다.

Tip 구질에 따라 공의 위치를 좀 더 오른발 쪽에 둘 수도 있다. 초보자이거나 뒤땅 문제 또는 아웃인 궤도로 엎어치는 문제가 있다면 공을 오른발 안쪽에 위치시키고 연습하는 것이 도움이 된다.

정면 어드레스
드라이버 체크 포인트

❶ 어깨 각도

어깨는 경직되거나 솟아 있지 않게 하
고 팔은 어깨에서 툭 떨어뜨린다. 일
부러 쭉 뻗지 않아도 자연스럽게 펴진
상태로 팔과 어깨가 삼각형을 이루게
한다.

Tip 그립을 잡으면 오른손이 왼손보
다 아래에 위치하기 때문에 오른쪽 어
깨가 살짝 내려가면서 오른쪽으로 각
도가 기울게 된다. 여기에 더해 아이언
때보다는 척추가 좀 더 타깃 반대로 기
울게 될 때 어깨도 덩달아 오른쪽이 더
낮아진다.

❷ 척추 각도

아이언 때보다 척추를 더 타깃 반대쪽
으로 기울인다. 아이언 때에는 엉덩이
를 타깃 쪽으로 밀어줬다면 드라이버
의 경우, 클럽 헤드를 더 왼쪽에 위치
시키고 머리는 타깃 반대쪽으로 자연
스럽게 기울도록 한다.

❸ 골반 각도

골반은 지면과 평행하거나 1~2도 정
도 왼쪽이 높아도 좋다. 오른쪽 골반
이 높으면 척추가 왼쪽으로 기울게 되
기 쉽고, 척추가 바르게 정렬되지 못
한다.

④ 손의 위치

왼손은 시계 방향으로 살짝 돌아가고, 왼 손바닥은 4시 방향을 향한다. 오른손은 악수하듯이 손바닥이 9시 방향을 향하도록 잡는다.

양손이 맞닿은 상태에서 손의 위치는 양발의 가운데보다 약간 왼쪽 허벅지 안쪽으로 위치시킨다.

⑤ 스탠스

아이언 때보다 스탠스를 넓게 벌려 하체에 안정성을 더한다. 오른발과 왼발에 6:4 정도의 체중이 실리도록 한다.

Tip 체중을 오른발에 더 실으면 척추 각과 시선, 완만한 스윙 플레인, 임팩트 시 공을 띄워 타격하는 데 도움을 준다.

⑥ 공의 위치

티 위에 공을 올려놓고 약간 위쪽으로 타격을 하기 위해 왼발 안쪽 또는 왼쪽 겨드랑이 밑에 공을 위치시킨다.

NG 자세 확인하기 ❶

머리가 타깃 방향으로 기운 자세

셋업에서 척추 각도는 이후에 이어질 스윙을 결정한다고 해도 과언이 아니다. 백스윙을 할 때 하체의 안정성이 부족하거나, 오른 다리 고관절의 가동성이 부족해 엉덩이가 밀리거나, 백스윙에서 팔을 높게 들려다가 광배근이 짧아서 상체를 기울이는 것으로 클럽을 들어 올리게 되는 일은 아마추어에게서 아주 흔하게 일어난다.

정면에서 보았을 때 리버스 스파인 앵글 (Reverse spine angle, 척추가 타깃 방향으로 기우는 자세) 을 확인했는데, 그 상태에서 다운스윙을 하면 허리를 다치기 쉽고, 오른팔과 오른 다리가 강한 스윙을 하게 된다. 또한 다운스윙의 시작을 하체가 아닌 상체로 시작해 엎어 치는 스윙, 가파른 다운스윙이 되기 쉽다. 이 외에도 손목을 일찍 펴는 다운스윙인 캐스팅도 나올 수 있다.

해당 NG 자세가 이어질 경우, 스윙 궤도는 아웃인으로 타깃 좌측으로 당기게 되고, 슬라이스(Slice, 공이 오른쪽으로 휘는 구질)가 나오기 쉽다.

머리가 타깃 방향으로 기운 어드레스

만일 자세의 문제가 아니라 다리 길이나 골반의 문제로 오른쪽 엉덩이가
솟아 있다면 실체 척추 각이 타깃 쪽으로 기우는 경우가 있다. 심한 경우에는
골프 레슨보다는 메디컬 전문가의 상담을 받고 교정 운동이나 재활 치료가
필요할 수 있다.

NG 자세 확인하기 ❷

왼 어깨가 솟은 자세

왼 어깨에 힘을 주어 솟은 경우 왼팔의 힘이 과해지고 왼손 그립이 많이 돌아가는 경우가 생긴다. 원래 셋업 시 왼 어깨가 높은 것이 정상이지만, 승모근을 사용해 과하게 왼 어깨가 올라가거나 왼 어깨를 정면으로 밀어낸다면 전형적으로 왼쪽을 막아버린 경우에 해당한다.

이러한 자세로 스윙을 하면 자연스럽게 회전하지 못하고 치켜드는 동작과 더불어 몸의 회전이 막히면서 클럽 페이스가 닫히고 훅 구질(Hook, 공이 왼쪽으로 휘는 구질)의 미스 샷을 칠 수 있다. 또한 왼팔이 임팩트 시에 빨라지면서 헤드가 뒤처져 열려 맞으면서 슬라이스가 나기도 한다.

게다가 왼쪽이 높아지는 성질의 임팩트로 탑핑이 발생할 수 있고, 반대로 몸이 오른쪽으로 기울며 손목이 일찍 펴지면서 뒤 땅을 치기도 한다.

왼 어깨가 솟은 어드레스

더불어 공을 치고 난 후 왼팔의 외회전으로 왼팔이 접히면서 팔꿈치가 아래를 향하는 자연스러운 팔로우 스루 동작이 나와야 하는데, 왼 어깨를 세우고 힘이 들어가게 되면 왼팔이 회전하지 못하고 치킨윙(Chicken winging, 왼팔이 심하게 구부러져 닭 날개처럼 밖으로 접히는 자세)이 발생하기 쉽다.

정면 어드레스 연습드릴 ❶

힙 포워드 드릴
  머리가 타깃에 가깝거나 오른쪽 엉덩이가 더 높은 자세가 나오지 않게 방지하고 교정하는 드릴이다. 이 연습으로 엉덩이가 타깃에 더 가까운 자세의 느낌을 알 수 있고, 다운스윙에도 좋은 영향을 줄 수 있다.

❶ 어드레스 자세를 취한다.
❷ 오른손을 허리에 올리고 살짝 목표 쪽으로 몸을 민다.
❸ 다시 양손으로 클럽을 잡고 올바른 어드레스 자세를 취한다.

3

Check 오른쪽 엉덩이가 왼쪽보다 높지 않은지 확인한다.

정면 어드레스 연습드릴 ❷

한 손 쓸어내리기 드릴

드라이버 샷을 할 때 체중을 중앙이나 오른발에 두고 상체 기울기를 만드는 것과 동시에 오른쪽 어깨가 앞으로 나오지 않고 어깨와 골반이 목표 선에 정렬하는 데 도움을 주는 드릴이다. 오른손을 클럽 옆에 접근하여 잡는 것으로 오른 어깨가 안정되고 겨드랑이에 붙어 있는 자세를 만들 수 있다.

❶ 셋업 자세를 취한다.
❷ 오른손을 허벅지에 댄다.
❸ 오른손을 아래로 쓸어내린다.
❹ 다시 클럽을 잡는다.

3

4

정면 어드레스 클리닉 ❶

나의 체형을 알고 바른 자세로 스윙하자

올바른 스윙 축을 유지하기 위해서는 등을 똑바로 펴기만 해서는 안 된다. 스윙을 하는 동안 몸을 효율적으로 사용하기 위해서는 내 체형을 이해하고 바른 자세를 만드는 데 방해하는 근육들을 컨디셔닝하는 것이 무엇보다 중요하다.

가장 먼저 지금 내 자세가 어떤지 살펴보자. 측면으로 '발목 복숭아뼈-무릎-고관절 외측-외측 갈비뼈 가운데-어깨-귓구멍'의 모습을 관찰해보면 된다.

바른 자세라면 척추와 골반이 중립 커브를 유지해야 한다. 골반에서 앞뒤쪽 전상장골극, 후상장골극이 수평을 이루고, 허리의 요추는 앞으로 볼록한 전만 커브를 이루며, 등의 흉추는 뒤로 볼록한 후만 커브의 자세를 보인다. 그리고 목의 경추는 다시 앞으로 전만 커브를 가지는 자세를 말한다. 이는 골프 어드레스 자세에서 상체를 숙인 경우에도 동일하게 적용된다.

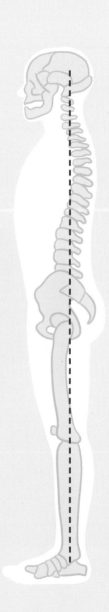

바른 자세 확인하기

아이언과 드라이버 또는 지면의 기울기에 따라 어드레스 시에 우리 몸의 축은 그때그때 달라진다. 하지만 크게 정면에서 봤을 때 상체에서는 '골반의 치골-배꼽-명치-코'를 기준으로 살펴보면 되고, 측면에서 봤을 때는 '고관절 옆쪽 대퇴골-갈비뼈 중심-어깨-귀'를 살펴보면 된다.

척추 측만증이 있으면 골프를 할 수 없을까?

어릴 적 성장기에 잘못된 자세로 인해 척추의 변형이 이루어졌다면 어른이 되어 척추 측만증을 없애기란 사실상 불가능하다. 하지만 척추 측만증이 있다고 해서 골프를 할 수 없는 것일까? 그렇지는 않다. 척추 측만증에 도움이 되는 여러 동작들을 훈련하면서 신체의 여러 부위에서 부족한 가동 범위나 근력을 보상하도록 반응을 끌어내면 된다.

그러나 어릴 적부터 만들어진 척추 측만증이 아닌 나쁜 자세와 습관을 반복하다 척추가 휘어진 경우라면 적극적으로 교정 운동을 해주어 바른 척추 정렬을 만들어주는 것이 중요하다. 만약 교정 운동을 하지 않고 스윙만 하게 되면 척추가 한쪽으로 휘는 변형이 더욱 악화되어 통증은 심해지고, 통증으로 인해 골프를 포기하기까지 이를 수 있다.

다음으로 간단한 자가 테스트를 통해 잘못된 스윙으로 인해, 혹은 평소 나쁜 자세와 습관으로 인해 내 척추가 휘어져 있지 않은지 확인해보자.

척추 측만증 자가 테스트

서 있는 자세와 허리를 앞으로 숙인 자세를 확인해보자. 만약 다음 체크 사항 중 비대칭인 부분이 있다면 척추 측만증으로 의심해볼 수 있다.

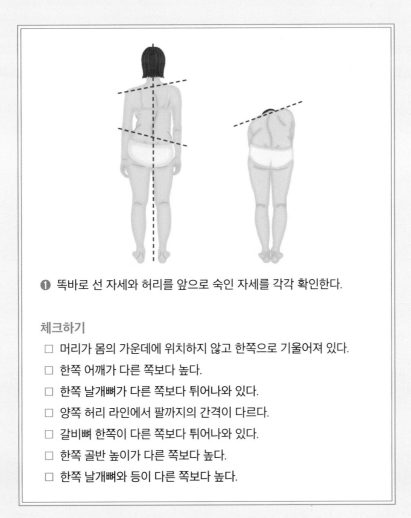

❶ 똑바로 선 자세와 허리를 앞으로 숙인 자세를 각각 확인한다.

체크하기

☐ 머리가 몸의 가운데에 위치하지 않고 한쪽으로 기울어져 있다.

☐ 한쪽 어깨가 다른 쪽보다 높다.

☐ 한쪽 날개뼈가 다른 쪽보다 튀어나와 있다.

☐ 양쪽 허리 라인에서 팔까지의 간격이 다르다.

☐ 갈비뼈 한쪽이 다른 쪽보다 튀어나와 있다.

☐ 한쪽 골반 높이가 다른 쪽보다 높다.

☐ 한쪽 날개뼈와 등이 다른 쪽보다 높다.

정면 어드레스 클리닉 ❷

어드레스를 할 때 어깨에 힘이 빠지지 않는다면?

골프를 치면서 어깨에 힘이 들어가 공이 잘 맞지 않거나 부상이 생길 때 막연히 '왼쪽 어깨에 힘 빼세요'라고 조언하는 경우가 많다. 그러나 과연 어깨에 힘을 빼면 부상이 사라질까? 이러한 조언을 하는 경우는 대개 어깨의 기능적 해부학 구조에 대해 잘 모르기 때문일 것이라 생각한다.

우리 몸의 척추와 관절은 원래 타고난 중립의 정렬에 있을 때 가장 스트레스가 적고 힘이 적게 들어간다. 그렇기에 어드레스 시에 어깨 힘을 빼고 싶다면 어깨의 중립 정렬뿐만 아니라 '척추의 중립 상태'를 알아야 한다. 이를 위해서는 어깨의 구조뿐만 아니라 어깨 움직임에 관여하는 근육의 강약 조절에도 신경을 써야 하는데, 날개뼈의 운동 방향에 대해 아는 것이 중요하다.

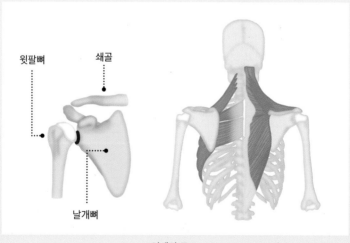

어깨의 구조

어깨는 '윗팔뼈, 날개뼈, 쇄골' 이 세 가지 뼈들의 조합으로 구성되어 있다. 날개뼈는 작은 구멍에 윗팔뼈의 머리가 얹혀져 있어 흔히들 골프 티 위의 골프 공으로 비유하기도 한다. 그만큼 불안정한 구조이며 통증이 생기기 쉽다는 의미이기도 하다.

골프 동작에서 중요한 상체 움직임은 날개뼈에서 만들어진다고 해도 과언이 아니다. 날개뼈에는 회전근개 근육들이 붙어서 움직임을 조절하게 되고, 또 날개뼈와 척추 사이에 근육들이 연결되어 있다. 때문에 날개뼈의 움직임이 제대로 이루어지지 않으면 어깨 통증은 물론 목, 등 통증까지 일으키게 된다.

날개뼈의 움직임을 인지해서 스윙을 하는 동안 그 위치를 잘 유지해야만 척추 각을 안정적으로 지킬 수 있다. 그 움직임을 살펴보면 날개뼈는 크게 위로 올라가고 내려가는 방향, 그리고 안팎으로 이동하는 방향, 위쪽 방향 회전

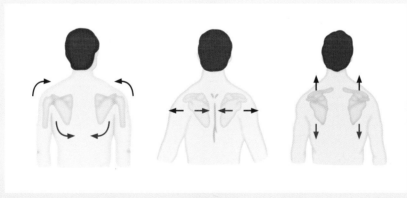

날개뼈의 움직임

과 아래 방향 회전으로 나눠서 볼 수 있다. 물론 건강한 어깨는 움직임이 제한 없이 잘 일어나는 경우를 말한다.

특히 어드레스에서 팔에 너무 힘을 주면서 앞으로 쭉 뻗으면 날개뼈가 바깥으로 이동하면서 등을 굽게 만들어버리고 상부 승모근에 힘이 들어가게 된다. 그러한 자세로 계속해서 스윙을 하면 어깨 관절에 압박력만 세지고 몸통의 회전력은 떨어져 정확한 샷이 어려울 뿐더러 어깨 통증만 악화된다.

날개뼈의 전인 테스트

다음의 동작과 같이 팔을 밀어내는 동작을 통해 날개뼈의 전인이 제대로 이루어지는지 확인할 수 있다.

만약 움직임이 제대로 이루어지지 않는다면 몸통의 코어 근육인 복부 근육과 날개뼈의 코어 근육인 전거근이 약한 경우가 많다. 그러다 보니 과도하게 승모근이나 흉근을 사용해 어깨가 올라가게 되는 것이다.

어드레스 자세에서 팔을 앞으로 뻗으면 날개뼈가 올라가고 앞으로 뒤집어져서 그 다음 몸통과 어깨 회전을 제한하기 때문에 척추 각을 유지하면서 힘을 잘 전달할 수 있도록 바른 날개뼈의 전진 자세를 만들 수 있어야 한다.

❶ 양팔을 앞으로 나란히 뻗은 뒤 손끝을 앞으로 5cm 정도 밀어낸다.

체크하기

- ☐ 승모근 부위나 어깨 관절이 위로 솟아오르지 않고 팔이 앞으로 이동 하는가
- ☐ 양쪽 팔이 대칭적으로 움직이는가
- ☐ 척추가 뒤로 굽어지지 않고 그대로 유지되는가

날개뼈의 후인 테스트

귀와 어깨가 멀어지도록 양팔을 앞으로 나란히 뻗은 상태에서 손끝이 뒤로 5cm 정도 이동하도록 날개뼈를 등 뒤에서 모아본다.

만약 날개뼈가 잘 움직이지 않거나 다른 한쪽에 비해 잘 이동하지 않는다면 이미 무너지 체형이 원인이 경우가 많다.

늘 컴퓨터, 핸드폰, 운전 등 팔을 앞으로 뻗고 지내는 시간이 많기 때문에 날개뼈가 바깥쪽 앞으로 엎어진 '라운드 숄더', '거북목', '굽은 등' 체형으로 변형이 일어난다. 이러한 경우 체형 자체가 움직임을 방해하기 때문에 체형을 개선시키기 위한 운동을 해야 한다.

골프 어드레스 자세에서는 날개뼈를 전진과 후진의 중간 지점에 유지해야 가장 효율적으로 하체의 힘을 상체를 통해 공까지 전달할 수 있다. 또한 어깨의 힘이 잘 빠지지 않는 사람은 날개뼈를 척추 쪽으로 약간 후진시키고 가슴을 편 자세로 '복부-광배-날개뼈'까지 몸통 근육을 연결시키는 법을 배워야 한다. 이는 필라테스의 리포머 로프 운동이나 데드리프트, 케틀벨 운동처럼 손으로 도구를 잡는 운동을 할 때 쓰이는 근육과 크게 다르지 않다.

❶ 양팔을 나란히 앞으로 뻗은 뒤 손끝을 뒤로 5cm 정도 당긴다.

체크하기
- □ 승모근 부위나 어깨 관절이 위로 솟아오르지 않도록 등 뒤에서 날개뼈가 모이는가
- □ 양팔이 대칭으로 움직이는가
- □ 척추나 가슴이 앞으로 휘어지지 않고 그대로 유지되는가

버드독 자세

복부와 척추 기립근, 둔근 등 척추를 잡아주는 코어 근육을 강화시키는 동작이다.

운동 시간 10~30초   운동 횟수 좌우 5회씩   운동 세트 1세트

① '귀-어깨-골반'이 일자가 되도록 기어가는 자세를 만든다.
② 오른발을 뒤로 뻗어 엉덩이 높이까지 들어 올리고 왼팔을 앞으로 뻗는다. 반대
쪽도 동일하게 진행한다.
   Tip 고개가 아래로 떨어지지 않도록 팔로 바닥을 밀어 수평을 유지한다.
   Tip 몸통이 돌아가지 않도록 한다.

인어 자세

뻗은 다리 쪽의 내전근과 뻗은 팔 쪽의 요방형근, 기립근을 스트레칭한다.

운동 시간 15초   운동 횟수 좌우 5회씩   운동 세트 1세트

① 왼 다리를 쭉 뻗고 오른 다리는 양반다리를 한 뒤, 오른팔을 머리 위로 뻗는다.
② 왼쪽으로 천천히 몸통을 기울인다. 반대쪽도 동일하게 진행한다.
   Tip 엉덩이가 바닥에서 떨어지지 않도록 한다.
   Tip 팔과 고개만 기울이지 않도록 한다.

상방 펀치 자세

날개뼈를 전인시키는 전거근을 강화시키는 동작이다.

운동 시간 10초   운동 횟수 10회   운동 세트 3세트   준비물 덤벨이나 물병

① 하늘을 보고 누운 상태에서 양 무릎은 세우고 양팔로 덤벨을 잡은 뒤 위로 뻗는다.
   Tip 덤벨 대신 물병을 사용해도 좋다.
② 귀와 어깨가 멀어지도록 유지하면서 손을 밀어낸다는 느낌으로 전거근에 힘을 주면서 5초 동안 팔을 밀어낸다.
   Tip 목과 상부 어깨에 힘이 들어가지 않는 부위까지 자세를 진행한다.
   Tip 날개뼈 앞쪽 근육이 뻐근한 느낌이 들도록 밀어내야 한다.

날개뼈 전인 강화에 도움이 되는 동작

무릎 들기

무릎을 들면서 몸통 코어 근육을, 바닥을 밀면서 전거근을 강화시키는 동작이다.

운동 시간 5~10초   운동 횟수 10회   운동 세트 3세트

❶ 양발을 모으고 무릎은 엉덩이 아래, 손은 어깨 아래에 두고 기어가는 자세를 만든다.

❷ 무릎을 들어 엉덩이와 귀가 일직선이 되도록 만든다.

　　Tip 복부에 힘을 준 다음 날개뼈에서부터 바닥을 미는 힘을 만들어낸다.

　　Tip 상부 승모근에 힘이 들어가면 어깨가 올라가므로 복부와 등, 날개뼈 앞쪽에 힘이 들어가야 한다.

날개뼈 모으기

중간, 하부 승모근과 능형근 등을 강화시키는 동작이다.

운동 시간 10초   운동 횟수 10회   운동 세트 3세트

① 양쪽 쇄골이 넓게 그리고 키가 커지도록 척추를 곧게 편다. 복장뼈는 살짝 들어
올리고 시선은 30도 위를 향하게 하여 목은 신전시킨다.

② 팔꿈치를 접어 두 날개뼈가 척추 쪽으로 가까워지도록 w 모양을 만들어 10초
간 유지한다.

Tip 손이 앞으로 나갈 경우 어깨가 엎어져 어깨 회전근개에 통증을 일으킬 수 있으
므로 팔꿈치와 손이 일직선을 이루도록 한다.

Tip 위쪽 승모근이 으쓱하지 않도록 복부와 등의 힘을 사용해야 한다.

잔디 깎기

하체와 날개뼈 주위 근육을 동시에 강화하면서 상하체를 연결시키는 동작이다.

운동 시간 5초　운동 횟수 10회　운동 세트 3세트　준비물 덤벨이나 물병

❶ 하체는 스쿼트 자세를 취하면서 덤벨을 든 팔을 아래로 뻗는다.

　Tip 덤벨 대신 물병을 사용해도 좋다.

　Tip 무릎을 굽힐 때 발끝보다 앞으로 나가지 않도록 한다.

❷ 발바닥으로 바닥을 지그시 누르고 일어난다. 이때 팔꿈치를 뒤로 보내면서 날개뼈를 뒤로 모아준다.

　Tip 복부 힘을 유지하면서 몸통이 돌아가지 않도록 한다.

　Tip 날개뼈를 모을 때 팔꿈치가 손보다 높아지면서 어깨가 앞으로 엎어져서는 안 된다.

넓은 스탠스 vs 좁은 스탠스

스윙을 할 때 스탠스는 '적당한' 넓이가 좋다. 그런데 그 적당한 정도를 찾기가 참 어렵다. 그럼에도 넓은 것과 좁은 것 중 어떤 것이 더 나은지 따져보자면 우선 넓은 스탠스와 좁은 스탠스 각각의 장단점을 알아야 할 필요가 있다.

우선 넓은 스탠스의 장점은 '하체의 안정성'이다. 어드레스 단계에서는 크게 느끼지 못하지만 일단 스윙을 시작하면 클럽을 강하게 휘두르면서 내가 서 있는 자리에서 벗어나지 않기 위해 버티느라 체중이 옮겨지게 된다. 이때 넓은 스탠스가 몸통의 거친 움직임을 받아내게 된다.

반면 단점은 초보자일수록 스탠스가 넓으면 몸통의 회전이 어려워지고, 스윙 중에 상체 축을 지키기 어렵다는 것이다. 체중 이동을 하기 위해서는 적극적인 움직임이 필요한데, 이를 막는 넓은 스탠스는 초보자에게는 치명적인 단점으로 작용할 수 있다.

넓은 스탠스의 스윙

좁은 스탠스의 스윙

이에 반해 좁은 스탠스의 장점은 체중 이동이 매우 쉽고, 상체 축이 좌우로 흔들리는 것을 방지할 수 있다는 점이다. 상체 축이 잡히면 스윙의 최저점이 일정해 정확하게 공을 치는 데 좋다.

하지만 하체의 안정성이 떨어지고, 지면을 강하게 쓰기 어렵다는 단점도 있다. 또한 힘차게 스윙하기 위해 행잉백(Hanging back, 엉덩이가 타깃 반대로 빠지는 자세)도 나오기 쉽다.

초보자의 경우에는 약간 좁은 듯한 스탠스로 4분의 3 정도의 스윙을 많이 해보는 것을 추천한다. 추가로 어프로치샷의 경우 힘차게 하는 샷이 아니라 적은 동력으로 정교하게 쳐야 하는 만큼 좁은 스탠스를 취하는 것이 좋다.

반면 드라이버샷의 경우에는 힘차게 휘두르고 지면을 쓰기 때문에 능동적인 체중 이동이 중요하다. 때문에 넓은 스탠스로 안정성을 더하는 것이 좋다.

그 외에도 스탠스를 넓게 하면 임팩트 전후 구간에서 손목이 완만하게 펴져 클럽 헤드가 공에 낮게 접근하고 완만하게 빠져나간다. V자 형태의 가파른 임팩트 구간이 아닌 U자 형태의 완만한 임팩트가 되기 쉬운 것이다. 드라이버는 클럽이 길고 공이 티 위에 놓여 있기에 스탠스를 넓히면 보다 자연스러운 스윙이 가능할 것이다.

이와 같이 스탠스 너비에 따른 각각의 장단점을 알고 클럽과 나의 스윙 스타일과 상황에 맞게 스탠스에 변화를 줄 수 있어야 한다.

최종 목표, 기립 자세에서 중립 골반과
척추 정렬로 어드레스 자세를 만들어라

일어선 자세에서 중립 골반과 척추의 올바른 정렬을 맞추어 제대로 된 어드레스 자세를 만들 수 있어야 한다.

중립 골반을 찾지 못하고 앞이나 뒤로 기울어진 상태로 계속해서 잘못된 자세로 스윙을 한다면 허리 디스크 등의 통증이나 부상으로 이어질 위험이 매우 높다. 그렇기 때문에 제대로 된 중립 골반과 올바른 척추 정렬을 이룬 어드레스 자세를 만들어야만 건강하고 효과적인 스윙을 해낼 수 있다.

중립 골반과 척추 정렬 만들기

올바른 중립 골반의 위치와 척추 정렬의 느낌을 확인할 수 있는 동작이다.

운동 횟수 틈틈이

1	2	3
굽은 허리	전만 허리	중립 자세

❶ 편하게 발을 벌려 선 다음 상체를 앞으로 약간 숙인다.

❷ 골반을 앞뒤로 기울이며 중간 지점을 찾는다.

❸ 배꼽 부위 복부에 힘을 줘서 갈비뼈가 열리거나 등이 굽어지지 않도록 고관절
옆-몸통 가운데-어깨까지 일직선이 되도록 정렬을 맞춘다.

    Tip 날개뼈 사이가 너무 벌어지지 않도록 살짝 모아주면서 윗등을 펴서 어깨와 귀가
        일직선이 되도록 한다.

측면 어드레스
체크 포인트

❶ 등과 허리의 굴곡

등은 반듯하게 편다. 허리 뒤쪽은 평평하게 만들고 하복부에 힘을 주어 골반의 중립 자세를 만든다.

Tip 서 있을 때 등이 많이 굽어 있거나 라운드 숄더라면 평소보다 굴곡 정도가 심해지지 않도록 유의한다.

❷ 엉덩이의 굴곡

의자에 앉았을 때 벨트라인 아래쪽으로 바지가 접히는 지점을 중심으로 엉덩이를 뒤로 빼면서 굴곡을 만든다. 엉덩이가 경첩처럼 접히는 것과 같은 힙 힌지(Hip hinge)가 이루어지고 셋업 시 필요한 상체의 각도를 만들 수 있다.

❸ 무릎의 굴곡

발바닥 전체에 체중을 분배시켜 균형을 잡은 뒤 무릎을 약간 구부려 운동선수 자세(Athletic posture)를 만든다. 무게중심을 살짝 낮춰 안정성을 확보하고 순발력을 발휘할 수 있게 한다.

Tip 무릎을 심하게 구부리면 상체가 과하게 세워지고, 반대로 너무 펴 있으면 하체를 사용하기 힘든 자세가 된다.

어깨

골반

무릎

발

❹ 타깃 정렬

스탠스와 무릎, 골반, 팔꿈치, 어깨가
모두 타깃 라인에 평행하게 이루어지
도록 한다.

❺ 경추의 굴곡

경추와 머리가 숙여진 각도에 따라 공을 보는 시
야가 달라진다. 뒷목을 잘 펴고 시선이 공을 너무
내려다보지 않는 머리 각도를 만든다.

Tip 턱을 너무 들면 바깥이나 앞으로 들어 올리는
백스윙이 나올 수 있고, 반대로 너무 숙이면 안쪽 또
는 몸 뒤쪽으로 낮게 당기는 백스윙이 나올 수 있다.

069

NG 자세 확인하기 ❶

S자세

골반이 앞으로 심하게 기울어진 자세를 TPI에서는 S자세(S posture)라고 한다. S자세를 확인하는 방법은 셋업을 하고 사진이나 영상을 촬영해 등에서부터 엉덩이까지 직선을 그었을 때 허리에 생기는 모양을 보면 된다. 만약 아치가 생기고 공간이 확인되면 S자세로 볼 수 있다.

S자세의 여러 가지 문제점을 낳는다. 스윙 중 지면을 잘 사용하지 못하는 문제, 축을 유지하기 어려운 문제, 회전에 제한이 생기는 문제 외에도 백스윙시 정면 축이 타깃 쪽으로 기울어지는 자세가 나온다는 문제점으로 이어지게 된다. 이 외에도 가슴이 하늘을 보고 머리가 타깃 쪽으로 기울어지는 자세로 다운스윙을 계속하게 되면 허리에 무리가 가고 부상으로 이어질 위험이 크다.

S자세는 콘센트가 꽂혀 있지 않은 상태라고 생각하면 된다. 복부의 긴장이 풀리고 코어 조절이 어려운 상태가 되어 지면을 쓰고 하체를 사용하는 스윙을 구사하기 어렵다.

그러나 간혹 S자세처럼 보이지만 실제로는 골반이 중립인 경우도 있다. 주로 여성 골퍼들에게서 많이 나타나는데, 이럴 때 확실히 확인할 수 있는 방법이 있다. 셋업 상태에서 허리에 이미 아치가 생긴 상태라면 그 상태에서 더 아치를 만들 수 있는 여유분이 많고, 복부에 힘이 빠지지 않았다면 S자세가 아니라 골반이 중립일 확률이 높다.

골반이 앞으로 기운 S자세

NG 자세 확인하기 ❷

C자세

등이 심하게 굽은 자세를 TPI에서는 C자세(C posture)라고 한다. C자세를 확인하는 방법은 셋업을 하고 사진이나 영상을 촬영해 등에서부터 허리까지 직선을 그었을 때 등에 볼록한 부분이 보인다면 C자세로 볼 수 있다.

C자세의 문제점은 견갑이 안정되지 못하고, 흉부 회전에 제한을 줘서 상하체 분리가 어려워진다는 점이다. 그로 인해 불안정한 백스윙이 생기게 된다. 축이 무너지고 머리가 좌우, 혹은 위아래로 많이 움직이게 된다는 뜻이다.

또한 백스윙 시 샤프트가 세워지지 못하고 평평하게 눕는 플레인이 생기기 쉽고, 더불어 어깨가 평평해질 수 있다. 백스윙에서 어깨 라인과 샤프트가 평평하다면 이어지는 다운스윙에서 샤프트가 급격히 세워지면서 아웃인 궤도 또는 가파르게 내려찍는 스윙으로 이어지기 쉽다.

C자세가 나타나는 원인은 크게 두 가지가 있다. 라운드 숄더를 갖고 있어 윗등이 굽는 경우와 힙 힌지가 잘 되지 않아 억지로 등을 구부리게 되는 경우다. 등이 심하게 굽는다면 교정 운동이 필요하고, 그렇지 않다면 꾸준한 연습으로 C자세를 고칠 수 있다.

평소 서 있을 때 등이 굽어 있어 억지로 펴려고 한다면 부자연스러운 스윙이 나올 수밖에 없다. 이런 경우라면 고치려 하지 말고 그대로 둬야 한다. 어깨가 넓고 팔이 짧은 체형, 여성 골퍼 중 가슴이 크고 팔이 짧은 경우에도 억지로 C자세를 고치기보다는 어쩔 수 없이 그대로 둬야 한다.

등이 심하게 굽은 C자세

측면 어드레스 연습드릴 ❶

S자세 교정 드릴

　S자세인 사람에게는 물론이고 S자세가 아니더라도 스윙을 위해서라면 반드시 연습해야 할 동작이다. TPI 자격증이 있는 프로에게 가면 자주 체크하는 연습드릴일 정도로 매우 중요하고 유용한 드릴인 만큼 꾸준히 연습하면 좋다.

❶ 클럽 없이 양손을 교차해 어깨에 대고 셋업 자세를 취한다.
❷ 복부에 약간 힘이 들어간 상태로 골반을 앞뒤로 기울이기를 반복한다.
❸ 골반을 앞뒤로 기울이면서 중립을 찾는다.

3

C자세 교정 드릴

C자세를 교정할 수 있는 동작이다. 손을 뒤로 당겨주는 샤프트 중심으로 자연스럽게 힙 힌지를 도와주고, 동시에 팔을 펴서 당기는 동작으로 인해 하부 승모근을 자극하고 견갑을 조여주어 라운드 숄더를 없애는 데에도 효과적인 연습드릴이다.

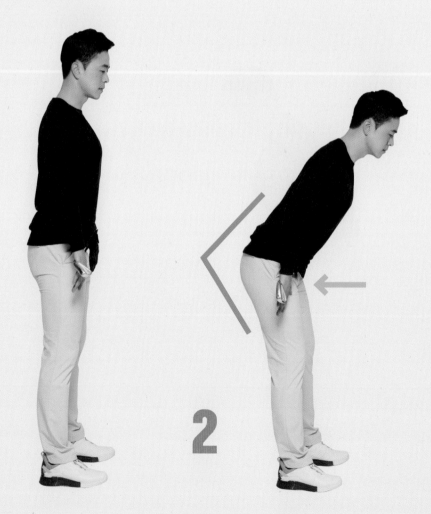

1

2

① 양손으로 클럽을 길게 잡고 벨트 아래 다리가 접히는 부분에 댄다.
② 상체를 약간 앞으로 숙이며 클럽을 잡은 손을 뒤로 당긴다.
    Tip 클럽이 닿은 지점을 중심으로 상체를 숙인다.
③ ②의 자세를 유지하며 어드레스 자세를 취한다.

측면 어드레스 연습드릴 ❸

셋업 꼬리 드릴

    S자세와 C자세 교정에 모두 도움이 되는 드릴이다. 클럽을 가슴에서 벨트 라인까지 수직으로 밀착시킨 면적을 유지한 채 그립 부분이 꼬리처럼 엉덩이 뒤로 나오게 하려 연습한다면 척추 각을 바르게 유지하는 어드레스 자세를 만들 수 있다.

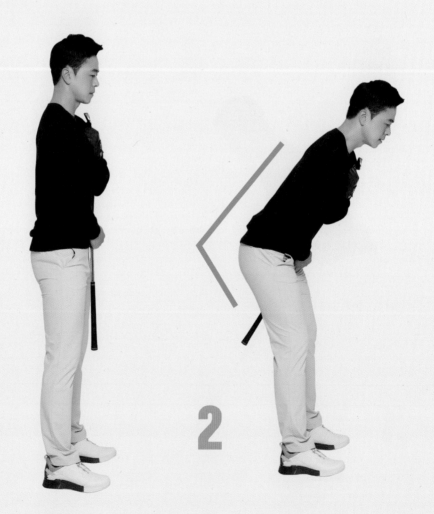

❶ 클럽을 길게 세워 가슴 앞에 댄다.
❷ 그립이 꼬리처럼 다리 사이로 나오도록 상체를 숙인다.
❸ ❷의 자세를 유지하며 어드레스 자세를 취한다.

3

측면 어드레스 클리닉 ❶

잘못된 S자세를 해결하자

체형을 볼 때 옆면을 기준으로 '발목-무릎-대퇴골-갈비뼈 중심-어깨-귀'를 중점적으로 보면 된다. 여기에 더해 체형에 따른 골반의 기울기와 허리의 굽힘 정도를 파악하는 것이 중요하다.

S자세란 골반이 앞으로 기울어지면서 허리가 고관절 중심 라인보다 과도하게 앞으로 내밀어지는 요추과전만 자세(Hyperlordosis)다. 허리가 앞으로 볼록하게 튀어나오더라도 등이 많이 굽은 경우도 있고, 일자로 펴진 경우가 있기도 하다. 이처럼 어드레스를 할 때 다양한 체형에서 S자세를 찾아볼 수 있다.

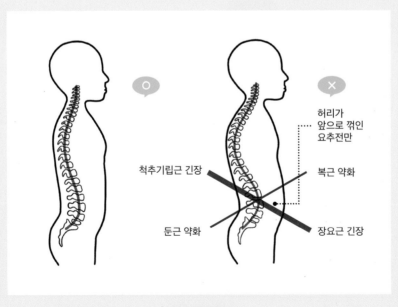

척추기립근 긴장

둔근 약화

허리가 앞으로 꺾인 요추전만

복근 약화

장요근 긴장

하지교차증후군

특히 근력이 적은 여성들에게서 S자세가 많이 나타난다. 또한 임신 기간 동안 S체형으로 변한 뒤 회복하지 못하는 경우도 많다. 남성의 경우에는 배가 많이 나온 경우 무게중심이 앞으로 이동해 체형 변화가 일어나기도 한다.

S체형들의 특징으로 대체로 코어 근육인 복부와 엉덩이 쪽 근력이 약하고, 허리 뒤쪽 근육들이 짧고 유연성이 떨어져 있는 경우가 흔하다. 이러한 신체 근육 불균형을 하지교차증후군(Lower crossed syndrome)이라고 한다.

S자세는 허리 통증을 피할 수 없다. 과도하게 허리를 내민 자세로 복근에 힘이 잘 들어가지 않기 때문에 흉추를 회전시키는 복사근을 제대로 쓸 수가 없어 비거리가 잘 나오지 못한다. 또한 스윙 축을 유지하기 힘든 것은 물론 오히려 흉추 쪽 몸통 부위가 아닌 허리 쪽을 회전시키게 되는데, 이는 척추 디스크 손상을 일으킬 수 있거나 척추를 뒤에서 연결하고 있는 후관절 손상을 만들기도 한다. 더불어 회전 범위가 잘 나오지 않으니 손목이나 어깨를 과도하게 사용하다가 추가적 손상을 일으키기도 한다. 때문에 S자세를 교정하기 위해서는 복부와 엉덩이의 근력을 키워 안정성을 유지해야 한다.

만약 체형적 문제가 아니라면 S자세의 원인으로는 다음 사항들을 체크해 보자.

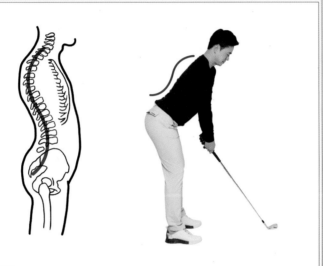

체크하기

☐ 어드레스 시 무릎을 너무 펴고 체중이 앞꿈치에 실린다.

☐ 엉덩이를 너무 뒤로 빼서 상체를 세우기 위해 허리를 내민다.

☐ 복부와 코어의 힘이 약해서 고관절 경첩(Hip hinge)를 유지하지
   못해 허리를 내민다.

코어와 허리 근육 밸런스 테스트

S자세를 교정하기 위해 가장 중요한 부분은 복부와 엉덩이의 근력을 키워
안정성을 유지하는 것이다.

다음의 기어가기 자세에서 몸통이 돌아가지 않도록 하여 다리가 최대한 올
라가는 각도를 측정해보자. 엉덩이 높이에서 30도까지 허리의 곡선 변화 없
이 들어 올릴 수 있다면 아주 건강한 코어와 근육 밸런스를 가진 체형이다.

하지만 엉덩이 수평 높이까지 가기도 전에 몸통이 돌아간다면 코어의 약화
와 장요근의 단축 등 여러 가지 원인에 대한 교정이 필요하다.

❶ 기어가는 자세에서 한쪽 다리를 뒤로 뻗는다.

체크하기

☐ 몸통이 돌아가지 않으며 허리의 곡선 변화 없이 다리를 엉덩이 높
이보다 30도까지 높게 들어 올릴 수 있다.

측면 어드레스 클리닉 ❷

잘못된 C자세를 해결하자

골반이 뒤로 기울거나 골반 중립을 지키는 상태로 대체로 평평한 일자 허리(Flat back) 위에 길게 흉추가 많이 굽어진, 굽은 등과 거북목을 가진 체형에게서 어드레스 자세 시 C자세가 많이 보인다.

상지교차증후군

오랜 컴퓨터 사용, 장시간 운전으로 인해 앉아서 지내는 시간이 길어 상지교차증후군(Upper crossed syndrome)과 같이 흉근이나 광배근과 같은 가슴 부위 근육과 목 뒤 근육이 짧아지고 등과 목 앞쪽 근육은 약해진 근육 불균형 상태, 퇴행성으로 등이 많은 굽은 상태, 견갑 안정성이 떨어져 라운드 숄더 변형이

온 상태 등이 C자세의 원인이 된다. 체형적 문제가 아닌 C자세의 원인으로는 다음 사항들을 체크해보자.

체크하기

☐ 코어나 몸통에 힘이 없어 중립 척추를 유지하지 못해 몸이 굽혀 진다.

☐ 허리와 골반에 힘이 과해 후방 경사를 만들어 척추가 굽혀진다.

☐ 어깨와 팔에 힘이 과해 날개뼈가 전인되어 흉추가 굽혀진다.

☐ 체중이 너무 뒤꿈치에 있고 무릎을 앞으로 내민다.

☐ 주니어 학생이나 키가 작은 골퍼의 경우 클럽이 너무 길거나 공과 의 거리가 가까워 등이 굽혀진다.

C체형은 흉추가 많이 굽어져 있어 몸통의 회전이 원활하게 일어날 수 없다. 이 경우 손목, 팔꿈치, 어깨 등 상체 관절에서 이 움직임을 보상하기 위해 관절 손상이 일어나게 된다. 대표적으로 과한 코킹으로 인한 손목 힘줄염, 내상과염 즉, 골프 엘보우(Golf elbow)가 여기에 속한다. 몸통 회전뿐만 아니라 충격 흡수 또한 잘 이루어지지 않아 흉추 자체에도 디스크 손상과 퇴행성 관절염 등을 일으키게 되고 날개뼈, 등, 허리 통증까지 일으키게 된다.

또한 아이러니하게도 허리 통증이 악화되는 경우에도 허리를 세우고 등을 구부리게 되면서 C자 체형이 더 심해지기도 한다.

흉추기립근과 날개뼈 밸런스 테스트

아래의 자세를 통해 팔이 올라가는지를 측정하여 흉추기립근과 날개뼈의 밸런스를 테스트해볼 수 있다. 만약 체크 사항에 해당된다면 굽은 등인 흉추후만을 의심할 수 있다.

❶ 벽에 척추를 붙이고 서서 팔을 위로 끝까지 들어 올린다.

체크하기

☐ 머리가 벽에 붙지 않거나 팔이 귀까지 올라가지 않는다.

골반 중립 자세

골반의 올바른 위치를 느껴보는 동작이다.

운동 횟수 **틈틈이**

① 하늘을 보고 누워 양쪽 무릎을 세운 후 꼬리뼈를 바닥 쪽으로 향하도록 허리를 하늘로 들어 올린다.

② 꼬리뼈가 하늘을 향하도록 허리를 바닥에 붙인다.

③ 이 동작을 3~4회 반복한 후 엉덩이는 바닥에 가볍게 닿고, 허리 뒤쪽에 가장 힘이 들어가지 않으면서 허리 뒤와 바닥 사이가 2cm 가량 뜨도록 중간 지점을 찾는다.

  Tip 배꼽을 살짝 몸 안으로 당긴다는 느낌으로 복근을 수축시키면 골반과 갈비뼈 사이 공간이 좁아지면서 골반-흉곽-어깨로 이어지는 상체 라인을 일직선으로 유지할 수 있다. 이때 힘은 배꼽 아래에 실린다고 생각하면 쉽다.

  Tip 어깨와 목에 긴장감이 없어야 한다.

골반 후방 경사 다리 뻗기 자세

하복근의 힘을 길러 허리가 앞으로 꺾이는 전만 자세를 교정할 수 있다.

운동 횟수 좌우 10회씩   운동 세트 1세트

❶ 하늘을 보고 누운 상태에서 두 다리를 골반 너비로 벌려 중립 골반을 만든 후
90도로 세운다.

   Tip 아래 복근에 힘을 주면서 허리 뒤쪽이 땅에 닿도록 한다.

   Tip 디스크 질환이 있는 경우 허리가 아플 수 있으니 중립 골반 상태를 유지해야
한다.

❷ 호흡을 내쉬면서 복근에 힘을 주고 오른 다리를 대각선으로 뻗는다. 호흡을 마
시면서 제자리로 돌아온다. 반대쪽도 동일하게 진행한다.

   Tip 어깨와 목에 힘을 주지 않는다.

장요근 스트레칭

장요근 이완을 통해 요추 전만을 해결하고 허리 통증을 예방하는 동작이다.

운동 시간 20초　운동 횟수 좌우 5회씩　운동 세트 1세트

❶ 런지 자세에서 복부에 힘을 주어 골반을 후방 경사를 만든다.
❷ 상체와 앞쪽 무릎을 앞으로 밀어낸다.
　Tip 몸통이 돌아가지 않도록 한다.
　Tip 꼬리뼈를 바닥 쪽으로 끌어내리도록 한다.

기립근 스트레칭

기립근 이완을 통해 바른 척추 정렬을 돕는 동작이다.

운동 시간 10초   운동 횟수 10회   운동 세트 1세트

① 손은 어깨 아래, 무릎은 골반 아래 위치시켜 기어가는 자세를 만든다.
② 배꼽을 등으로 잡아당기면서 복부의 힘으로 꼬리뼈부터 차례대로 허리를 둥글
게 만든다.

Tip 턱이 가슴 아래에 닿을 때까지 최대한 등을 높고 둥글게 만든다.

흉추 신전 자세

흉추 가동성을 증가시켜 굽은 등을 개선시키는 동작이다.

운동 횟수 **10회**　운동 세트 **3세트**　준비물 **폼롤러나 수건**

❶ 폼롤러를 날개뼈 아래 부분에 놓고 무릎을 굽힌다.

　Tip 폼롤러 대신 수건을 두껍게 말아 사용해도 좋다.

❷ 복부에 힘을 주어 명치까지 상체를 들어 올린 다음 천천히 내려간다.

　Tip 복부의 힘으로 허리를 일직선으로 유지하고 명치뼈 위에서만 움직임이 일어나
　　　도록 한다.

ITY 견갑 안정화 자세

날개뼈를 잡아주는 승모근과 기립근을 강화시키는 동작이다.

운동 횟수 10회   운동 세트 3세트   준비물 물병이나 덤벨

❶ 스쿼트 자세에서 상체를 45도 아래로 숙인 뒤 물병을 잡은 팔을 아래로 뻗는다.

    Tip 물병 대신 덤벨을 사용해도 좋다.

❷ 팔을 어깨 옆으로 뻗어 T자를 만든다.

❸ 팔을 머리에서 30도 위로 뻗어 Y자를 만든다.

    Tip 어깨에 통증이 있다면 팔꿈치를 굽혀서 진행한다.

    Tip 날개뼈 사이와 몸통에 힘을 주어 어깨가 앞으로 엎어지지 않도록 한다.

네 발 기기 날개뼈 푸쉬 업

양팔로 몸통을 위아래로 움직이면서
날개뼈의 올바른 움직임을 느낄 수 있는 동작이다.

운동 횟수 10회   운동 세트 3세트

❶ 손은 어깨 아래, 무릎은 골반 아래에 두고 기어가는 자세에서 날개뼈가 모이도
록 몸통을 아래로 내린다.

❷ 등이 평평하게 되도록 양팔로 바닥을 밀면서 몸통을 올린다.

  Tip 복근에 힘을 주어 허리에 굴곡이 생기지 않도록 한다.

  Tip 어깨와 귀의 높이가 같도록 머리를 들어 올린다.

목의 회전을 좌우하는 좋은 셋업

셋업에서 목은 경직되지 않고 잘 회전할 수 있는 상태여야 한다. 백스윙을 시작해 임팩트를 하는 과정 중에 머리는 고정되어 있다고 생각하는 경우가 많다. 그러나 사실 그 와중에도 머리는 굉장히 빠르게 움직이고 있다.

셋업에서의 상체 각도는 회전이 없는 0도 상태다. 이후 백스윙에서 상체가 회전해 90도가 되었을 때 그 각도가 어디서 왔는지를 본다면 골반이 45도, 흉추에서 45도 회전을 맡아 총 90도 회전되었다고 볼 수 있다.

그런데 상체가 골반과 흉추에서 90도 회전할 동안 경추는 혼자 머리를 90도 회전시켜야 한다. 이해를 돕기 위해 조금 더 풀어서 이야기하자면 골반과 흉추가 45도씩 오른쪽으로 회전하면 상체가 총 90도로 회전하게 되는데, 이

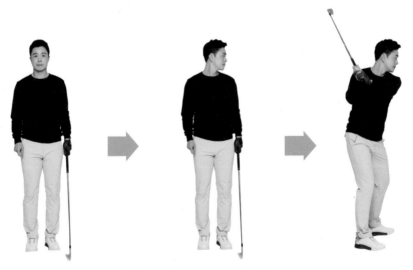

백스윙에서의 상체 회전에 따른 목의 회전 변화

때 경추가 머리를 90도 왼쪽으로 회전시키게 되는 것이다. 만약 경추가 왼쪽으로 90도 회전하지 않는다면 백스윙을 할 때 머리는 절대 공을 보고 있지 못할 것이다.

여기서 끝나지 않는다. 다운스윙을 하게 되면 몸통이 왼쪽으로 회전할 때 머리는 다시 오른쪽으로 빠르게 회전한다.

스윙하는 동안 일어나는 경추의 움직임을 연습해보자. 왼쪽으로 머리를 돌리고 빠르게 오른쪽으로 돌리면 이것이 스윙 중 일어나는 경추의 움직임이다.

셋업에서 올바른 척추의 정렬과 목에 지나친 긴장을 주지 않는 것이 회전이 용이해지고 부상을 예방할 수 있는 방법이다. 또한 견갑을 안정되게 만들고 경추의 가동성을 만들 수 있는 스트레칭이나 운동은 골프 스윙 퍼포먼스에 매우 유익하다. 경추의 가동성은 골프 스윙에서 무시할 수 없는 매우 중요한 요소임에도 놓치기 쉬운 부분이기에 잊지 않고 기억하기를 바란다.

피니시에서의 상체 회전에 따른 목의 회전 변화

상체 회전을 위한 목의 유연성을 기르자

어드레스 다음으로 이어질 백스윙, 다운스윙 동안 머리를 고정하라는 조언을 수도 없이 듣는다. 그래서인지 스윙을 하는 동안 목을 고정하고 있다는 생각에 목 유연성에 대해 크게 고민해본 적이 없을 것이다. 하지만 사실 몸통이 돌아가는 동안 머리는 고정되어 있는 것이 아니라 고개를 좌우로 70도 이상 돌리고 있는 것이다. 이 말은 즉 목이 잘 회전되지 않는다면 스윙 중에 몸통을 충분히 회전시킬 수 없어 이어지는 백스윙 탑에서 흉추를 펴버리거나 양쪽 어깨 높이가 같아지는 플랫 숄더 플레인이 나타나는 문제점이 생길 수 있다는 말이다. 또한 손목 등 다른 관절 부위를 많이 꺾거나 늘어뜨려 회전근개 손상, 골프 엘보우 등의 부상이 생길 수 있다.

경추 회전 테스트

다음의 동작을 진행해보고 지금 나의 경추 회전이 제대로 이루어지고 있는지 확인할 수 있다.

체크 사항에 모두 해당된다면 스윙을 할 수 있을 만큼 목이 충분히 유연하게 회전할 수 있다는 의미다.

목 회전이 잘되지 않는 원인에는 여러 가지가 있다. 주로 퇴행성 척추 질환으로 인해 뼈가 자라나고 유착이 일어나는 구조적 문제를 제외한다면 대체로 굽은 등과 거북목과 같은 나쁜 자세가 원인이 된다. 그러한 잘못된 자세로

인해 움직임을 만들어내야 하는 근육들이 단축되고 유연성이 떨어지는 반면, 부상이 일어나지 않도록 구조를 유지하고 안정화시켜주는 근육들이 약화되기 때문이다. 즉 목의 회전을 원활하게 하기 위해서는 근육의 불균형을 개선해야 한다. 단순히 목을 좌우로 돌리기만 해서는 목의 회전 가동성이 늘어나지 않는다.

❶ 상체를 바르게 세우고 쇄골을 넓게 편다.
❷ 입을 다문 상태에서 몸통은 고정한 채 오른쪽으로 고개를 돌려 턱이 쇄골 중앙에 닿도록 숙인다. 반대쪽도 동일하게 진행한다.

체크하기
☐ 어깨를 당겨 턱에 붙이지 않는다.
☐ 턱이 쇄골에 닿는 동안 통증이 없다.
☐ 입을 벌려 쇄골에 턱을 붙이지 않는다.

턱 당기기 운동

거북목을 교정하는 목앞굽힘 근육을 강화하는 동작이다.

운동 시간 10초   운동 횟수 10회   운동 횟수 1세트   준비물 쿠션

❶ 바닥에 2~3cm 정도 되는 쿠션을 머리 아래 둔 뒤 무릎을 세워 눕는다.
❷ 턱을 목으로 당기면서 뒤통수로 쿠션을 눌러 눈과 턱이 일직선을 이루도록 만
든다.
  Tip 가슴으로 고개를 숙이는 것이 아닌 턱을 목으로 당겨야 한다.
  Tip 통증이 없는 범위까지 동작을 진행하며 턱을 당길 때 어깨를 끌어올리거나 등
  을 굽히지 않는다.

팔 뻗어 목 회전 자세

날개뼈 안정화 근육과 함께 목의 코어 근육들을 강화해
스윙을 하는 동안 목이 고정되도록 도와주는 동작이다.

운동 횟수 좌우 10회씩 **운동 세트** 1세트

❶ 기어가는 자세에서 왼팔을 앞으로 뻗는다.
❷ 고개를 오른쪽으로 돌린다. 반대쪽도 동일하게 진행한다.
   Tip 머리가 아래로 떨어지지 않도록 한다.

Chapter 02

백스윙

백스윙을 잘하기 위해서는 상체를 하체로부터 분리하는 움직임이 가능해야 한다. 가령 의자에 앉아 상체를 회전할 때 이것을 상체로부터 분리하는 움직임이라 할 수 있다. 골프 스윙에서는 의자에 앉지 않고도 상체를 분리하는 움직임이 가능할수록 좋은 스윙을 하기에 수월하다.

정면 백스윙
체크 포인트

❶ **테이크백 삼각형**

백스윙이 시작되면 오른발에 압력이 생기고 코어 힘과 등 근육을 자극되면서 상당히 짧은 순간 양팔 삼각형과 손목이 견인되듯 움직인다. 실제 스윙에서 이 구간은 매우 짧으며, 시작을 큰 근육으로 해주면 클럽 헤드가 스스로 올라가는 듯한 힘이 생긴다. 이때 코킹(손목의 접힘)과 더불어 오른 팔꿈치도 천천히 접히기 시작한다.

❷ **손목 각도**

왼손은 점점 위로 접히고, 오른손은 대각선, 약간 손등 방향으로 접힌다. 손목이 접히는 방향은 클럽 페이스의 각도를 다루는 것과 관계가 있다.

Tip 오른 손등이 많이 접힐수록 헤드 면은 닫히고, 로프트 각은 낮게 한다. 반대로 오른 손등이 펴질수록 헤드 면은 열리고 로프트 각은 높게 한다.

❸ **오른쪽 엉덩이 스웨이라인**

엉덩이가 백스윙 방향으로 밀리지 않아야 한다. 왼발로 중심 이동이 수월하도록 오른발에 체중을 실어 단단한 지지대처럼 만든다.

Check 셋업에서 엉덩이 옆으로 선을 긋고 백스윙을 할 때 선을 넘어가는지 확인한다. 넘어가지 않고 약간 차이가 있는 것이 좋다.

❹ 척추의 동적 자세 유지

동적 자세에서 무게중심은 양발 넓이 사이에 위치해야 한다. 그래서 오른발 안쪽에 수직선을 긋고 왼발 바깥에 수직선을 그어 몸통과 머리가 그 사이에서 움직이도록 한다.

Tip 척추의 각도가 유지되고 머리 위치는 오른발 안쪽 선을 넘어가지 않게 하는 것이 뒤땅이나 탑핑을 예방할 수 있다. 또한 클럽 패스(클럽이 지나가는 길)를 바르게 만들 수 있다.

❺ 몸통 회전 양

골반은 45도, 어깨는 90도 정도 회전한다. 이때 경추의 회전 가동 범위에 따라 머리도 같이 약간 회전한다.

Tip 적당한 회전은 축을 유지하고, 공의 포착과 정확한 임팩트를 수월하게 만든다.

Tip 드라이버의 경우 어깨가 100도까지 회전하는 것으로 넓은 아크의 다운스윙과 다운스윙 인아웃 궤도를 위한 공간을 확보한다.

NG 자세 확인하기 ❶

스웨이

셋업 자세에서 오른쪽 엉덩이 옆으로 라인을 만들고 백스윙을 했을 때 라인을 넘어가면 체중이 오른발에 과도하게 실리게 된다. 오른 다리는 '/'와 같이 대각선으로 약간 기울어진 모양이 유지되어야 한다.

엉덩이가 백스윙 방향으로 밀린 스웨이

그러나 체중 이동이 잘못되어 라인을 넘어가면 이를 '스웨이(Sway)'라고 부른다. 스웨이는 흔하게 나타나는 NG 자세 중 하나인데, 백스윙 중 스웨이가 생기면 다음 연결 동작인 다운스윙 및 팔로우 스루에도 좋지 않은 영향을 미친다.

그래서 스웨이만 교정해도 많은 것들이 저절로 좋아지는 경우가 많다. 또한 스웨이는 리버스 스파인과도 짝을 이룬다. 이렇게 되면 다운스윙 시 허리에 심각한 부상을 줄 수 있다.

체중 이동이
올바르게 이루어진 백스윙

NG 자세 확인하기 ❷

몸통 회전이 과하거나 부족한 자세

몸통 회전이 부족한 백스윙   몸통 회전이 적당히 이루어진 백스윙

오른 팔꿈치가 빨리 접히면 몸이 회전하지 않아 좁은 백스윙이 일어나게 된다. 이는 주로 여성 초보자들에게서 보이는 백스윙 NG 자세인데, 코킹이 전혀 일어나지 않아 발생하는 경우가 많다. 몸통 회전이 부족한 상태에서 백스윙을 하게 되면 가파른 다운스윙으로 이어지고, 팔로만 치는 스윙이 되어 공을 멀리 보내기 어렵다.

반대로 몸통 회전이 과한 경우는 대부분의 아마추어에게서 자주 나타나는 NG 자세다. 공을 멀리 보내고자 팔을 과도하게 뻗거나 백스윙 탑에서 팔과 상체의 반동을 이용하려 상체 힘을 많이 사용하는 등의 이유로 몸통 회전이 과해지는 것이다. 또한 백스윙 시 회전을 너무 많이 하게 되면 축이 무너지고, 그로 인해 임팩트 시 정확한 타격이 어려워진다.

몸통 회전이 과한 백스윙

정면 백스윙 연습드릴 ❶

활시위 드릴

상하체의 올바른 회전을 만들어주는 드릴이다. 팔로만 백스윙을 하는 사람에게 도움이 되고, 회전이 너무 많아 축이 유지되지 않는 사람에게도 도움이 된다. 활시위를 당기는 자세를 취하면 축은 유지되면서 흉부에서부터 회전이 이루어지고 필요한 만큼 골반이 회전을 도와주게 된다. 이로 인해 올바른 몸통 회전의 느낌을 가질 수 있다.

1

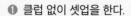

❶ 클럽 없이 셋업을 한다.
❷ 활시위를 당기듯 왼팔은 쭉 펴고 오른팔은 몸통 쪽
으로 당기며 흉추와 골반의 회전을 만든다.
Tip 5회 정도 반복하며 골반이 45도, 상체가 90도 회
전한 상태에서의 몸의 꼬임을 기억한다.

2

정면 백스윙 연습드릴 ❷

백스윙 45, 90 스틱 드릴

적극적인 몸통 회전을 만들기에 아주 좋은 연습드릴이다. 눈으로 45도 라인을 확인해 골반이 도와주게 하고, 90도 각도를 확인해 지나치거나 모자라지 않는 백스윙이 될 수 있게 한다. 특히 이 연습드릴은 클럽으로 공을 치면서 연습할 수 있어 에이밍 스틱 두 개만 있으면 연습장에서도 쉽게 할 수 있다. 지금까지 골반은 가만히 두고 상체만 회전하는 백스윙을 했다면, 이 연습으로 상체 힘을 뺄 수 있다.

반대로 과한 회전의 백스윙으로 인해 축이 움직이는 문제가
있었다면, 이 연습으로 알맞은 백스윙 회전 양을 알게
될 것이다.

❶ 클럽이나 에이밍 스틱을 활용해 셋업을 한다.
❷ 골반을 45도 회전시킨다.
❸ 상체를 90도 회전시킨다.
❹ 골반과 상체의 각도를 기억하고 백스윙을 한다.
　Tip 백스윙을 하기 전에 양손을 어깨에 대고 몸통 움
　　　직임만 연습해본다.
　Tip 골반이 45도, 상체가 90도로 회전하는지 확인하
　　　며 회전을 이어간다.

정면 백스윙 클리닉 ❶

잘못된 스웨이를 해결하자

백스윙 시에 몸통이 팔 쪽으로 딸려가는 것 없이 스탠스 안에서 몸통의 꼬임이 일어나야만 다운스윙을 하면서 다시 무게중심을 앞쪽 발로 이동시키며 척추 각을 유지할 수 있다. 이를 위해서 고관절, 골반, 몸통, 어깨 등 많은 관절과 근육이 관여하게 되는데, 하체는 지면과 안정적으로 연결시켜 고정하되 골반과 몸통을 잘 회전시키고 팔은 척추 각을 유지하면서 가볍게 들어 올려야 한다.

이러한 꼬임이 잘 일어나지 않고 팔을 들면서 자꾸 몸통이 옆으로 빠지는 스웨이 현상이 나타난다면 다음 체크 사항들에 해당되지 않는지 살펴보자.

> 체크하기
> ☐ 고관절의 움직임에 제한이 없는가
> ☐ 골반의 회전 움직임에 제한이 없는가
> ☐ 몸통이 움직이는 동안 둔근의 힘이 하체를 고정시키기에 충분한가
> ☐ 하체와 몸통을 분리시켜 움직임을 만들 수 있는가
> ☐ 수직 축을 유지하면서 몸통을 회전할 수 있는가

먼저 고관절이 유연하지 않은 경우 백스윙과 피니시에 일어나야 하는 고관절의 외회전, 내회전이 제한되기 때문에 몸통을 기울게 될 수밖에 없다. 나이가 들수록 고관절의 유연성이 떨어지는 만큼 뒤이어 소개하는 스트레칭 동작들을 꼭 따라 해보길 추천한다.

또한 스웨이를 교정하는 데 중요한 부분이 바로 상하체의 분리 콘셉트다. 이는 하체는 견고하게 잡고 상체는 부드럽게 회전하는 것을 말한다. 그렇다고 해서 마냥 부드럽게 상체가 돌아가는 것이 아니라 축은 유지하면서도 힘을 만들어낼 수 있어야 하기 때문에 코어 근육과 복사근 근력, 견갑 안정성과 같은 수많은 부분이 관여하게 된다.

뒤이어 소개하는 골반 회전, 런지 동작, 척추 회전 동작들이 스웨이를 교정하기 위한 요소들에 해당되는 만큼 따라 하면서 스스로 평가해보자. 만약 잘되지 않는다면 많은 횟수를 반복하기보다는 천천히 바른 동작을 하는 데 집중하기를 추천한다.

정면 백스윙 클리닉 ❷

부드럽게 회전하는 몸통을 만들자

백스윙을 할 때 몸통을 돌리라고들 하는데, 과연 어디를 돌려야 몸통이 부드럽게 돌아갈까? 몸통이 회전하는 데 어떤 근육이 관여하는지 알면 쉽게 이해가 가능하다.

몸통의 회전을 일으키는 근육은 복근이다. 흔히 복근이라고 하면 앞쪽 식스팩인 복직근만을 떠올리는데, 복직근은 윗몸 일으키기와 같이 몸통을 굽히고 펴는 역할을 한다. 이 복직근 옆으로는 위에서부터 복근이 세 층으로 나누어져 있다. 가장 바깥부터 외복사근, 내복사근, 복횡근 순서다. 이중에서도 사선으로 위치해 있는 복사근들이 수축하면 몸통이 회전하게 된다. 만약 피니시에서 몸통이 왼쪽으로 돈다면 같은 방향의 내복사근과 반대쪽의 외복사근이 대각선으로 수축하게 된다.

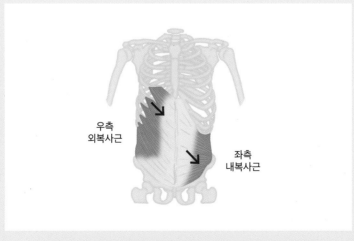

몸통이 왼쪽으로 돌았을 때 우측 외복사근과 좌측 내복사근이 수축한다

이처럼 복사근이 수축할 때 주로 회전을 일으키는 부위는 배꼽 위의 흉추다. 허리의 요추는 회전보다는 앞뒤로 굽히고 젖히는 역할을 담당하며, 회전 시에는 축은 일직선을 유지한다. 그렇기에 백스윙을 할 때는 배꼽 아래로 힘을 주면서 유지하고 배꼽 위 명치 부위가 바깥쪽 골반 부위와 가까워진다고 생각하면서 힘을 주면서 몸통을 돌린다고 생각하면 좋다. 그럴 경우 어깨로 몸통을 당길 때보다 훨씬 쉽고 부드럽게 몸통을 돌릴 수 있다.

몸통은 어깨부터 돌리는 것이 아니다. 어깨는 자연스럽게 따라가는 것이다. 허리 위 갈비뼈 부위를 돌린다고 생각하고 몸통을 회전하자.

90도 엉덩이 스트레칭

고관절이 유연하지 않으면 백스윙 시에 몸통이 스웨이가 일어난다.
고관절의 가동 범위를 확인하고 유연성을 키울 수 있는 동작이다.

운동 시간 15초   운동 횟수 좌우 10회씩   운동 세트 1세트

❶ 왼 무릎을 접어 몸 앞에 두고, 오른 무릎은 접어 몸 옆으로 벌려 앉은 뒤 양쪽 무
릎을 바닥으로 지그시 누른다. 반대쪽도 동일하게 진행한다.
  Tip 무릎을 90도와 가깝게 굽히되 통증이 없이 가능한 범위까지 굽힌다.
  Tip 허리보다는 고관절에서 회전 동작이 일어나야 한다.

골반 회전 자세

골반의 회전이 잘 일어나지 않으면 불필요하게 몸통을 이동하게 된다.
회전 움직임에 제한이 생기지 않도록 유연하게 만들어주는 동작이다.

운동 횟수 좌우 10회씩   운동 세트 1세트

① 어드레스 자세에서 양손을 가슴에 모은다.

Tip 양쪽 어깨가 같은 높이에 위치하도록 한다.

② 골반을 45도 정도 오른쪽으로 회전시킨다. 반대쪽도 동일하게 진행한다.

Tip 어깨가 회전하지 않도록 한다.

스웨이 교정에 도움이 되는 동작

엉덩이 안정화 자세

몸통이 움직이는 동안 둔군의 힘이 하체를 고정시키기에 충분한지
확인할 수 있는 동작이다.

운동 횟수 좌우 10회씩   운동 세트 1세트   준비물 공

① 공을 손에 쥐어 양팔을 앞으로 뻗는다.
② 오른쪽 다리를 앞으로 내밀어 런지 자세를 만들고 오른쪽으로 몸통을 돌린다.
반대쪽도 동일하게 진행한다.
　　Tip 아래 복부와 엉덩이에 힘을 주어 하체를 단단하게 고정한다.

스파인 트위스트

하체와 몸통을 분리시켜 움직임을 만드는 데 도움을 주는 동작이다. 또한 수직 축을 유지하면서 몸통을 회전할 수 있는지 확인해볼 수 있는 동작이다.

운동 횟수 10회   운동 세트 1세트   준비물 의자와 공

① 의자에 앉아 두 무릎 사이에 공을 두고 양팔을 포개어 가슴 앞에 둔다.
② 척추를 곧게 펴고 몸통을 오른쪽으로 회전한다.
　Tip 다리가 안으로 모이지 않도록 코어에 힘을 단단히 유지한다.
　Tip 골반은 정면을 바라보고 척추는 젖히지 않고 일자를 유지한 채로 회전한다.
　Tip '골반 가운데-몸통-정수리'까지 하나의 축이 되어 회전이 일어나야 한다.

리버스 스파인,
스웨이만 없애도 절반은 성공

　리버스 스파인과 스웨이만 피해도 좋은 스윙을 만드는 데 절반은 성공했
다고 해도 과언이 아니다. 리버스 스파인, 스웨이 중 한 가지 이상 일어날 경
우 전체적인 스윙에 여러 악영향을 끼치게 되는데, 그 문제점은 여러 가지다.
때문에 백스윙에서 엉덩이가 밀리거나 척추가 타깃 쪽으로 기울지는 않는지
반드시 확인해봐야 한다.

스웨이

리버스 스파인

> ### 스웨이, 리버스 스파인이 일어날 경우 발생하는 문제
>
> ❶ 허리 부상의 위험
> ❷ 피봇의 모양으로 인해 생기는 아웃인 궤도
> ❸ 하체 움직임이 불리해져 어긋나는 스윙 시퀀스
> ❹ 손목이 일찍 풀리는 캐스팅
> ❺ 스쿠핑(Scooping, 팔 또는 손목을 구부려 공을 건져 올리듯 치는 동작)
> ❻ 치킨윙
> ❼ 행잉백
> ❽ 과도한 체중 반동으로 인한 얼리 익스텐션(Early extension, 다운스윙에서 엉덩이 관절과 몸통이 일찍 펴지거나 일어서는 동작)
> ❾ 기타(스피드 감소, 악성 구질, 생크, 뒤땅, 타핑 등)

그 외에 신체적인 이유로 골반 및 엉덩이 관절의 가동성 및 안정성이 부족하거나 광배근이 짧아 팔을 높이 들어 척추가 과하게 펴지는 리버스 스파인이 일어나기도 한다.

가동성이 부족한 경우에는 체중을 왼쪽에 두도록 하고, 만약 광배근이 짧다면 백스윙을 짧게 하는 대신 손목 각도를 많이 이용하는 스윙을 하는 것이 좋다.

내 광배근이 스윙을 망치고 있다?

달리기 계주를 할 때 바통을 건네받길 기다리는 자세를 상상해보면 팔을 몸통에 붙여 손바닥이 하늘로 향하도록 뻗은 자세를 취하게 된다. 그런데 이 상태에서 팔을 앞으로 보내며 백스윙을 한다고 생각해보자. 아마 웃음이 나올 것이다.

백스윙을 할 때 오른팔의 움직임을 생각해보면 어깨의 외전, 외회전, 굴곡 자세로 앞서 말한 계주 동작과는 완전히 반대의 자세를 이루기 때문이다. 이렇듯 광배근의 단축은 올바른 백스윙을 방해하는 데 많은 영향을 미치는 근육이다.

하루 종일 같은 자리에 앉아서 컴퓨터를 하거나 장시간 동안 운전을 하다 보면 팔을 내리고 지내는 시간이 많다. 그러다보니 자연스럽게 광배근이 단축되어 유연성이 떨어져 있는 사람들이 대부분이다.

계주할 때의 모습

광배근

그런데 골프는 팔을 들어 올리는 운동이다. 만약 광배근이 단축되어 있는 경우, 팔이 마음대로 잘 올라가지 않거나 억지로 들어 올릴 경우 척추가 앞으로 휘는 등의 문제가 생기게 된다. 그러다보니 척추 축이 제대로 유지되지 않으니 당겨 치거나 엎어 치는 등의 정확한 샷이 어려워지게 되는 것은 당연하다. 뿐만 아니라 허리와 어깨, 목 통증의 원인이 되기도 하니 광배근이 단축되지 않도록 유연하게 잘 관리해주는 것이 무엇보다 중요하다.

다음으로 나의 광배근이 얼마나 유연한지, 얼마나 단축되어 있는지 간단한 동작을 통해 테스트해보자.

광배근 단축 자가 테스트

다음 동작을 통해 광배근의 유연성을 테스트해볼 수 있다. 광배근 단축이 없다면 허리가 바닥에 닿은 상태에서 팔을 귀까지 들어 올릴 수 있지만 광배근 단축이 있다면 팔을 귀까지 들어 올리는 과정에서 허리가 바닥에서 떨어지게 된다.

❶ 하늘을 바라보고 누운 상태에서 양쪽 무릎을 세우고, 꼬리뼈를 무릎 쪽으로 말아 허리를 바닥에 붙여 팔을 귀까지 들어 올린다.

체크하기

☐ 팔을 귀까지 들어 올릴 때 허리가 바닥에서 떨어진다.

광배근 폼롤러 마사지

광배근을 롤링하면서 이완시켜 흉추와 어깨의 가동성을 높인다.

운동 시간 좌우 70초씩 **운동 세트** 1세트 **준비물** 폼롤러

❶ 왼팔을 뻗어 겨드랑이 날개뼈 앞쪽에 폼롤러를 두고 10초 동안 지그시 누른다.
그 후 60초간 롤링하며 마사지한다. 반대쪽도 동일하게 진행한다.

광배근 스트레칭

광배근과 후면 삼각근 스트레칭을 통해
굽은 등을 펴는 데 도움이 되는 동작이다.

운동 시간 20초 운동 횟수 5회 운동 세트 1세트 준비물 의자나 테이블

❶ 무릎을 꿇고 귀 높이 정도의 의자 위에 양팔을 뻗어 20초간 유지한다.
  Tip 복근에 힘을 주어 허리를 일자로 유지한다.
❷ 천천히 팔을 접어 올렸다 내린다.
  Tip 팔이 접히지 않는다면 무릎을 테이블로 조금 당긴다.

덤벨 풀오버

광배근과 후면 삼각근 스트레칭을 통해
굽은 등을 펴는 데 도움이 되는 동작이다.

운동 시간 20초   운동 횟수 5회   운동 세트 1세트   준비물 의자나 테이블

❶ 하늘을 보고 누워 복부에 힘을 주고 허리를 바닥에 붙인 다음 양팔로 덤벨을 잡
아 하늘로 뻗는다.
   Tip 덤벨 대신 물병을 사용해도 좋다.
❷ 허리가 바닥에서 뜨지 않도록 팔을 천천히 머리 위로 올렸다 내리기를 반복한다.

측면 백스윙
체크 포인트

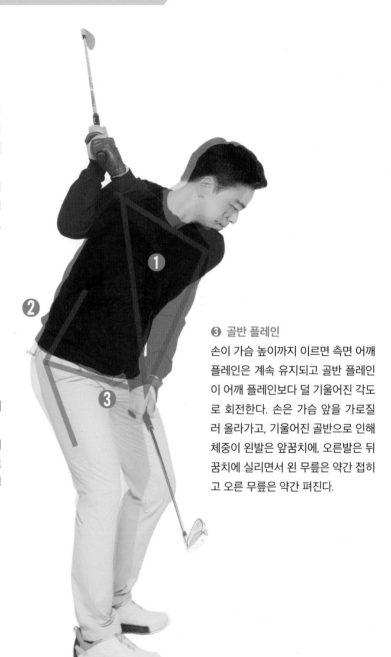

❶ 어깨 플레인

어깨와 팔이 삼각형을 이루고, 왼 어깨는 오른 어깨보다 낮은 어깨 플레인이 된다. 이때 기울기는 척추 각과 직각이 된다.

Tip 왼 겨드랑이를 밀착시키고 백스윙을 하면 테이크백에서 클럽 페이스가 척추 각과 평행하며 어깨 기울기가 생긴다.

❷ 척추와 엉덩이의 동적 자세 유지

어드레스에서의 척추 각이 백스윙에서도 그대로 유지되어야 한다.

Tip 척추 각을 유지한 백스윙을 하게 되면 다운스윙 시 쉽게 클럽을 공 쪽으로 되돌리기 수월해지고 정확성과 일관성을 얻을 수 있다.

❸ 골반 플레인

손이 가슴 높이까지 이르면 측면 어깨 플레인은 계속 유지되고 골반 플레인이 어깨 플레인보다 덜 기울어진 각도로 회전한다. 손은 가슴 앞을 가로질러 올라가고, 기울어진 골반으로 인해 체중이 왼발은 앞꿈치에, 오른발은 뒤꿈치에 실리면서 왼 무릎은 약간 접히고 오른 무릎은 약간 펴진다.

❹ 샤프트 플레인과 손의 길

백스윙을 시작할 때 손의 위치는 몸에서 가깝고
클럽 헤드는 손보다 바깥에서 움직인다. 오른 팔
꿈치가 접히면서 샤프트는 개인의 스윙 패턴에
따라 발끝과 공 사이 어느 지점을 향한다.

Tip 백스윙에서 가파른 샤프트 각도는 다운스윙 궤
도에 좋은 영향을 주고 동적 자세를 유지하는 데에
도 도움을 준다.

NG 자세 확인하기 ❶

엉덩이가 펴지면서 일어나는 자세

엉덩이가 펴지면서 일어나는지 아닌지 확인하기 위해서는 측면에서 스윙 동영상을 찍고 셋업 상태에서 선을 긋고 선 안에서 자세가 유지되는지 확인해보면 된다. 변화가 심할수록 부정확한 임팩트가 만들어진다.

엉덩이가 펴지는 원인에는 여러 가지가 있지만, 크게 스윙에 대한 이해 부족과 신체적 요인, 이 두 가지로 구분할 수 있다.

스윙에서 힘을 만드는 방법을 모르고 있다면 엉덩이가 펴지면서 일어나게 된다. 백스윙에서 클럽을 들어 올릴 때 멀리 치기 위한 에너지를 만들기 위해 본능적으로 몸을 들어 올리는 경우에 해당한다. 몸이 들어 올려질 만큼 팔을 높이 들면 힘차게 내릴 수 있기 때문이다. 그러나 이것은 축을 움직이게 되는 것이고 축이 움직이면 그만큼 일관성을 잃게 된다. 그리고 축을 잘 유지하는 것으로 회전에 의한 강한 원심력을 만들 수 있기 때문에 스윙의 파워 면에서도 축을 유지하는 편이 좋다. 그래서 본능적으로 힘차게 몸까지 들어 올릴

백스윙 시
엉덩이가 펴지는지
확인하기

정도로 과하게 백스윙하기보다는 축을 유지하고 휘두르는 스윙 컨셉을 갖도록 해야 한다.

이러한 NG 자세가 나타나는 신체적 요인으로는 경추 회전 부족, 하체의 안정성 부족이나 햄스트링이 조이는 경우, 광배근이 짧은 경우 팔을 충분히 들지 못하기 때문에 몸을 들어 올리게 된다. 또한 여성이나 주니어라면 상대적으로 힘이 약해서, 또한 클럽이 너무 무거운 경우에도 백스윙을 하면서 몸이 일어나는 문제점이 생길 수 있다.

올바른 백스윙   엉덩이가 펴지면서 일어나는 백스윙

플랫 숄더 플레인

백스윙 탑에서 어깨가 척추 각과 수직이 되지 않고 왼 어깨가 올라가는 자세를 '플랫 숄더 플레인(Flat shoulder plane)'이라고 한다. 플랫 숄더 플레인이 되면 손목을 돌리면서 손은 정면을 향하며 클럽 헤드 뒤로 빠지는 경우가 많이 생긴다. 또한 샤프트도 평평하게 시작하는 백스윙이 될 수 있다.

이러한 스윙이 나올 경우 스윙 궤도를 올바르게 가져가지 못하고 다운스윙에서 심하게 아웃인 궤도로 슬라이스 샷을 치거나 가진 힘에 비해 거리가 나오지 않게 된다. 몸통이 회전하는 힘보다 팔 위주로 힘을 쓰게 되기 때문에 공을 멀리 보내기 어려운 것이다.

플랫 숄더 플레인이 발생하는 대표적인 요인으로는 흉추 가동성 부족과 더불어 너무 일찍 접히는 오른 팔꿈치, 광배근이 짧아 왼 어깨를 들게 되는 경우가 있다.

또한 어깨의 외회전이 부족한데 오른 팔꿈치를 치킨윙 하지 않기 위해 품 안으로 집어넣다가 왼쪽 옆구리가 펴지면서 어깨가 평평해지는 경우도 흔하게 발생한다. 셋업 시 등이 굽거나 턱을 너무 치켜 들어 플랫 숄더 플레인이 나타나기도 한다.

플랫 숄더
플레인 백스윙

이 외에도 플랫 숄더 플레인을 해결하기 위해서는 스윙에 대한 정확한 이해와 컨셉이 잡혀야 한다.

흔히 헤드 면을 필요 이상으로 오픈시키면서 백스윙하거나 왼팔만으로 백스윙을 해야 한다고 착각하곤 한다. 또한 왼 어깨를 백스윙 방향으로 쭉 밀려고 한다거나 백스윙에서 오른쪽 겨드랑이를 너무 붙이려고 할 경우 잘못된 자세로 이어질 확률이 높다.

측면 백스윙 연습드릴 ❶

윈드밀 앞으로 나란히 드릴

윈드밀 드릴에 한 단계 추가한 드릴이다. 측면 셋업 자세의 척추 각의 기울기를 유지한 상태에서 올바르게 회전할 수 있어 올바른 회전의 느낌과 어깨 및 골반의 기울기를 알 수 있는 드릴이다. 또한 올바른 백스윙 몸통을 만들어 놓고 팔의 위치를 만들어보는 것으로 회전된 몸통 앞에 있는 양팔의 위치를 알 수 있다.

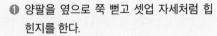

❶ 양팔을 옆으로 쭉 뻗고 셋업 자세처럼 힙 힌지를 한다.
❷ 상체를 90도 회전하면서 자세를 유지한다.
❸ 양팔을 가슴 앞으로 나란히 뻗은 상태로 잠시 멈춘다.
❹ 팔꿈치를 지면을 향하게 하면서 손의 위치를 만든다.

3

4

측면 백스윙 연습드릴 ❷

외회전 팔 모아 몸통 회전 드릴

팔을 외회전시켜 어깨를 안정시킨 자세를 통해 근육의 느낌을 얻을 수 있는 드릴이다. 팔에 의한 백스윙이 아닌 팔이 몸통에 속해 있고, 몸통이 자체적으로 회전할 때 양팔이 가슴 앞에 유지되어 있는 상태를 연습할 수 있다.

❶ 셋업 자세에서 양팔을 외회전시켜 손바닥이 위로 향하도록 한다.
❷ 양팔을 유지한 채 상체 회전으로 백스윙을 하면서 손바닥이 여전히 위로 향하도록 한다.
 Tip 여러 번 반복하며 어깨와 척추 각을 유지한 채 손의 위치를 만든다.

1

2

측면 백스윙 연습드릴 ❸

클럽 들고 백스윙 포지션 드릴

　본래 백스윙은 자연스럽게 흐르는 움직임이어야 하지만 앞선 드릴들을 연습한 후 해당 드릴을 연습하면 셋업 측면 자세를 바르게 교정할 수 있고 위치를 이해하고 느끼면서 연습할 수 있다.

❶ 클럽을 들고 샤프트와 척추를 평행하게 만든다.

❷ 상체 회전을 한다. 여전히 샤프트는 기울어진 척추 각과 평행이 되게 하고 잠시 멈춰 자세를 유지한다.

❸ 팔꿈치를 아래로 향하게 하여 그립 끝이 발끝과 공 사이 지점을 향하도록 한다.

Tip 팔을 움직일 때 어깨 기울기를 반드시 유지해야만 오른 팔꿈치가 자연스럽게 살짝 굽어지고, 샤프트의 올바른 기울기가 생긴다.

3

측면 백스윙 클리닉

흉추 가동성을 향상시키자

척추가 좌우로 회전을 잘하는 것보다 우선시되어야 하는 것이 바로 흉추기립근과 중, 하부 승모근의 근력이다. 굽은 등을 잘 펴주어 척추가 회전할 수 있는 길을 만들어줘야 하는 것이다.

어깨의 외회전 또한 마찬가지다. 이와 같은 동작들이 제대로 되지 않으면 백스윙을 할 때 척추가 기울어지거나 클럽을 위로 들어올리기 때문이다. 백스윙을 만드는 데 중요한 흉추의 신전, 가동성 운동과 더불어 어깨의 외회전 동작까지 연습해보자.

흉추 가동성에 도움이 되는 동작

벤트 오버로우

승모근과 능형근, 광배근을 강화시켜 굽은 등을 신전시킨다.

운동 횟수 10회   운동 세트 3세트   준비물 덤벨이나 물병

❶ 무릎을 약간 굽힌 채 서서 상체를 45도 앞으로 숙이며 덤벨을 쥔 양팔을 앞으로 뻗는다.

  Tip 덤벨 대신 물병을 사용해도 좋다.

❷ 날개뼈를 모으면서 팔꿈치를 뒤로 올린다.

몸통 회전 동작

흉추를 회전시키는 회전 동작으로 스윙 시
몸통 회전 가동성을 높이는데 도움이 되는 동작이다.

운동 횟수 좌우 10회씩 운동 세트 1세트

① 왼쪽으로 누운 상태에서 무릎을 굽히고 오른팔을 앞으로 뻗는다.

② 오른팔을 하늘로 뻗는다.

③ 명치가 하늘로 향할 때까지 몸통을 회전한다.

    Tip 골반과 하체는 몸통과 함께 회전하지 않도록 고정한다.

    Tip 뻗은 팔은 쇄골과 일직선을 이룬 상태로 몸통과 함께 회전해야 한다.

    Tip 손바닥이 어깨보다 뒤로 넘어가지 않도록 한다.

어깨 외회전 동작

어깨 회전근개 강화를 통해 외회전 가동성을 높이는 데 도움이 되는 동작이다.

운동 횟수 좌우 10회씩   운동 세트 3세트   준비물 수건과 덤벨이나 물병

❶ 무릎을 굽히고 왼쪽으로 누운 상태에서 오른 팔꿈치와 허리 사이에 수건을 끼
운다. 오른손에는 덤벨을 든다.

   Tip 덤벨 대신 물병을 이용해도 좋다.

❷ 오른팔을 천장으로 돌린다. 반대쪽도 동일하게 진행한다.

   Tip 팔을 돌릴 때 손보다는 어깨 관절 뒤에서 움직임이 시작되는 느낌으로 진행한다.

백스윙은 언제나 다운스윙을 위한 것이다

백스윙이 잘 되면 다운 스윙이 편하다는 사실은 알고 있다. 그래서인지 백스윙의 모양을 만드느라 전체 흐름이 깨지는 경우를 빈번하게 볼 수 있다. 중요한 것은 백스윙이 목적이 되어서는 안 된다. 백스윙은 언제나 다운스윙을 위한 과정임을 잊어서는 안 된다.

예를 들어 백스윙에서 샤프트가 너무 누워져 문제라고 해보자. 이때 백스윙에만 매달려서 모양을 고치기보다는 '샤프트가 너무 눕혀진 백스윙이 왜 안 좋을까?'라고 생각해보아야 한다.

백스윙은 결국 다운스윙을 위한 것임을 기억한다면, 눕혀진 백스윙에서 다운스윙으로 연결하면 다운스윙 때 샤프트가 세워진다. 다운스윙 때 샤프트가 세워지게 되니 클럽 헤드가 가파르게 내려오고 덮어 치게 되는 것이다. 그렇다면 백스윙에서 샤프트가 세워진다면 반대로 다운스윙 때 눕혀져서 내려올 것이다. 이것이 흔히 말하는 샬로윙(Shallowing)이다.

이처럼 백스윙과 다운스윙의 관계를 이어서 흐름으로 파악하면 훨씬 자연스러운 백스윙을 구사할 수 있다.

손이 지나가는 길이나 클럽 헤드가 지나가는 길, 다운 패턴 등은 프로들마다 각양각색이다. 그러나 한 가지 주목해야 할 점은 다운스윙 하프 지점 슬롯이라고 하는 임팩트 직전 포지션은 거의 비슷하다는 사실이다. 결국 백스윙

에서 저마다 다양한 패턴이 있을지라도, 그 패턴들은 모두 좋은 다운스윙 포지션을 위함이라는 공통점이 있다.

그렇다면 백스윙을 대충 해도 될까? 그것은 아니다. 다시 한 번 강조하지만 다운스윙을 위해서는 좋은 백스윙을 해야 하고, 다운스윙으로 잘 이어지는 백스윙을 해야 한다.

추가로 염두에 두어야 할 부분이라면 손이나 클럽 헤드의 백스윙 길은 제각각이더라도 척추 각이나 어깨 플레인을 지키는 일은 매우 중요하다. 그래야만 다운스윙으로 이어지는 동작에서 보상 동작이 적어지고 안정적인 스윙을 할 수 있다.

이것만큼은 기억하고 다운스윙을 위한 백스윙을 만들자.

체중 이동을 과하게 하다가 축이 밀리지 말자. 골프채를 높이 들다가 몸을 들지 말자. 클럽을 넓게 빼다가 머리가 낮아지지 말자. 팔로만 백스윙하지 말고 몸통이 자체적으로 올바른 움직임이 가능하도록 연습하자.

Chapter 03

전환 동작과
다운스윙

효율적인 힘 전달과 함께 올바른 궤도로 스윙하기 위해 전환 동작과 다운스윙의 순서를 잘 만들어야 한다. 백스윙으로 가다가 되돌아오는 '골반→상체→팔→클럽'의 전환 순서를 기억하자.

'골반→상체→팔→클럽'이 임팩트 이전에 각각 순서에 맞게 스피드를 만들어낸다면 효율적이고 폭발적인 헤드 스피드를 낼 수 있고, 공도 멀리 보낼 수 있다. 또한 이러한 순서가 올바르게 이루어질 때 클럽을 올바른 궤도로 공에 진입시킬 수도 있다.

정면 전환 동작과 다운스윙 체크 포인트

❶ 어깨 라인

손이 허리 높이에 이르면 어깨 라인
은 왼쪽 어깨가 조금 낮게 위치하거
나 지면과 평행이 된다.

Tip 왼쪽 어깨가 너무 일찍 높아진다면
회전이 어렵고 몸을 들게 된다.

❷ 척추 각 유지

척추 각은 그대로 유지되어야 하고
타깃 방향으로 아주 약간 이동한다.

Tip 척추 각은 스윙의 최저점, 스윙 디
렉션(아웃인 또는 인아웃)과 관계가 있
고 스윙 순서 유지와도 관계가 있다.

❸ 손목 각 유지

손목 각은 탑 포지션에서의 각도보다
약간 줄어들고 손이 허리 높이를 지
날 때에는 다시 펴지기 시작한다.

Tip 스윙의 순서가 하체에서부터 이루
어질 때 자연스러운 딜레이 현상으로
클럽 헤드의 관성이 전환 시점 손목 버
팀보다 강하기 때문이다.

Check 백스윙 탑에서 손목 각을 선으
로 그어주고 다운스윙 시작 이후 다시
손목 각을 선으로 그어 확인해본다. 각
이 살짝 줄어드는 것이 좋고, 늘어났다
면 스윙 순서가 어긋난 것이다.

❹ 하체 회전

타깃으로 약간 이동한 오른쪽 엉덩이를 중심으로 회전하고 왼쪽 타깃 방향으로 자연스럽게 움직인다.

❺ 중심 이동

전환 동작에서 오른 다리의 지면을 버티는 저항으로 엉덩이가 타깃 방향으로 이동한다.

Tip 다운스윙의 시작은 하체의 회전이라고 할 수 있지만, 그에 앞서 전환 동작의 시작은 중심 이동이고 오른쪽 엉덩이 포지션의 변화다.

❺

행잉백

전환 동작에서 중심 이동 없이 상체가 하체를 넘어가는 움직임에서 정면 축이 타깃 쪽으로 기울게 된다. 다운스윙에서 척추 선을 그어보면 셋업에서 보다 타깃 쪽으로 기울게 되고, 왼 다리로 체중을 싣는 일을 둔근의 힘이 아닌 상체로 하게 된다.

지면과 왼쪽 발 바깥을 수직으로 선을 그었을 때, 엉덩이 쪽에 공간이 있는데 다운스윙 시 엉덩이가 선에 닿지 않거나 살짝 닿았다가 다시 떨어지는 일이 생기기도 한다. 이러한 경우를 '행잉백(Hanging back)'이라고 한다. 그 외에도 축이 오른쪽에 남고 체중까지 오른발에 남는 경우도 있다.

행잉백이 일어나면 상체 힘을 많이 쓰는 데 비해 공을 멀리 보내기에는 효율이 매우 떨어지고 심한 아웃인 궤도로 인한 슬라이스가 많이 발생한다는 문제점이 있다. 때문에 전환 동작에서 상체의 안정성이 필요하고 오른쪽 중둔근으로 밀어줄 수 있어야 한다.

백스윙에서의
공간을 채우지 못함

올바른 백스윙

다운스윙 행잉백

NG 자세 확인하기 ❷

틸트와 슬라이드

전환 동작과 다운스윙에서 엉덩이를 타깃 방향으로 과하게 밀거나 오른 어깨를 일찍 떨어뜨려 척추가 과하게 타깃 반대 방향으로 쏠리는 경우, 클럽의 최저점이 공 뒤로 떨어지고 뒤땅과 탑핑이 많이 발생한다. 또한 몸이 막히고 손과 채가 뒤처지며 과도한 인아웃으로 훅이 발생하기 쉽다. 신체적인 원인으로는 하체나 코어 힘이 부족한 경우, 관절하지 회전에 제한이 있거나 왼쪽 둔근의 힘이 부족한 경우 등이 있다.

틸트는 정면 스윙에서 봤을 때 몸이 타깃 반대 방향으로 과하게 기울어진 자세를 말하고, 슬라이드는 하체와 골반이 목표 방향으로 지나치게 밀린 자세를 말한다.

틸트와 슬라이드가 이루어지면 회전이 되지 않으면서 얼리 익스텐션을 동반하게 된다. 언뜻 보기에는 중심 이동이 많은 것 같지만 실제로 중심 이동이 선행되지 않고 몸을 타깃 반대로 기울게 되는 것이다. 때문에 엉덩이를 밀어내는 문제를 해결하기 위해서는 결국 올바른 중심 이동을 익혀야 한다.

올바른 백스윙

틸트나 슬라이드가 일어나는 대부분의 경우를 살펴보면 백스윙 시 회전이 너무 많고 상체가 타깃 반대로 이동하는 경우가 많기 때문에 백스윙에서 어깨 회전을 줄이고 왼 어깨를 떨어뜨리며 미리 왼쪽에 체중을 싣는 연습을 하는 것이 좋다. 더불어 팔을 내리는 연습을 확실히 익혀두면 많은 도움이 될 것이다. 오른 어깨를 내리거나 왼 어깨를 드는 것으로 팔을 내리는 것이 아니라 왼 어깨가 낮은 상태에서 팔을 주도적으로 내리는 연습을 해야 한다.

다운스윙
슬라이드

153

정면 전환 동작과 다운스윙 연습드릴 ❶

가속 페달 스윙 드릴

전환 동작에서는 백스윙이 완료되기 전에 이루어지는 중심 이동 타이밍이 매우 중요하다. 이 드릴을 반복해서 연습하다 보면 전환 동작에서 중심 이동이 선행되는 움직임을 만들 수 있고, 백스윙이 완료되기 전에 중심 이동하는 연습으로 팔과 하체를 분리시킬 수 있다.

1

2

가속 페달 ┈┈┈┈

❶ 발을 모아 셋업을 한다.
❷ 오른발을 살짝 오른쪽으로 디디면서 가속 페달을 밟는다. 이때 클럽이 부릉 하고 백스윙으로 올라간다.
  Tip 클럽이 먼저 올라가는 것이 아닌 가속 페달을 먼저 밟아야 한다.
❸ 왼발을 왼쪽으로 내딛으면서 가속 페달을 밟는다. 이때 클럽이 다시 부릉 하고 다운스윙으로 내려온다.
  Tip 클럽이 먼저 내려가는 것이 아닌 가속 페달을 먼저 밟아야 한다.

가속 페달

정면 전환 동작과 다운스윙 연습드릴 ❷

벽 쿠션 드릴

중심 이동을 잘하는 골퍼를 찾기 어려운 이유 중 하나는 구사하려는 동작에서 어떤 근육을 사용되는지 잘 몰라 상체로 중심 이동을 하기 때문이다. 이 동작은 집에서도 할 수 있는 연습으로 중심 이동에서 사용되는 근육을 확실히 느끼며 활성화시킬 수 있는 드릴이다. 이 연습으로 올바른 근육의 느낌을 가져가보자.

❶ 벽과 왼쪽 엉덩이 사이에 쿠션을 끼우고 클럽 없이 셋업을 한다.

❷ 클럽 없이 백스윙을 한다. 몸통이 백스윙 방향으로 회전한 상태에서 팔도 백스윙 자세를 유지한다.

❸ 그 상태에서 쿠션을 눌러준다.

   Tip 쿠션을 누를 때 가급적 엉덩이가 돌아가거나 손을 내리지 않는 것이 좋다.

   Tip 오른쪽 중둔근이 사용되는 느낌을 기억했다가 전환 동작에서 적용한다.

밀어내기

3

정면 전환 동작과 다운스윙 클리닉

몸의 축을 유지하면서 자연스러운 무게 이동을 만들자

전환 동작이 잘 이루어지기 위해서는 틸트와 슬라이드가 일어나지 않도록 주의해야 한다. 이를 위해서는 좌우 코어를 대칭적으로 잘 써서 척추 각을 유지하고 하체를 단단하게 잡아주면서도 앞쪽 발로 무게를 이동시킬 수 있어야 한다.

이를 연습할 수 있는 동작들이 바로 몬스터 워킹과 사이드 런지 동작이다. 그런데 해당 동작들을 진행하는데 몸통이 움직이고 축이 제대로 유지되지 않는다면 하체 중에서도 중둔근의 근력을 키우는 것이 중요하다.

또한 스윙을 생각해보면 척추 각을 유지하는 것 외에도 더불어 팔을 당기고 몸통을 회전하는 동작이 가미된다.

즉, 골프는 일차원 모션이 아니기 때문에 이러한 기능적 움직임을 함께 훈련하는 것이 중요하다.

특히 런지 로테이션과 같은 동작을 통해 하체를 고정하면서 상체를 회전시키는 동작을 연습하면서 회전 저항에 버티기 위해 반대쪽 중둔근과 하체 근육들이 힘을 써야 하고, 회전하는 방향으로의 무게 이동을 한 발로 오롯이 느낄 수 있다.

마지막으로 소개하는 사선 방향 당기기 운동은 밴드 또는 짐에서의 케이블 머신을 이용해 진행할 수 있는 동작이다. 실제로 많은 프로 선수들이 훈련할 때 진행하는 동작으로 스윙을 할 때 쓰이는 어깨와 전완부 근육까지 기능적으로 강화할 수 있고 어깨, 팔꿈치, 손목 관절까지 안정화시키는 데 효과가 있어 낮은 강도부터 시작한다면 재활에도 효과가 좋은 운동이다.

다리 들어 올리기

중둔근과 하체 강화를 통해 하체의 안정성을 높이는 데 도움이 되는 동작이다.

운동 횟수 좌우 10회씩   운동 세트 3세트

① 왼쪽으로 누운 상태에서 왼 다리는 무릎을 접고, 오른 다리는 골반 높이로 뻗는다. 이때 오른손은 골반 위 허리를 잡아 몸통을 고정시킨다.

② 오른 다리를 올렸다 내리기를 반복한다. 반대쪽도 동일하게 진행한다.

Tip 골반이 실룩거리고 허리가 움직이면 둔근보다 허리쪽 요방형근을 사용하게 된다. 허리를 잘 고정하고 엉덩이 자극을 느끼면서 진행한다.

몬스터 워킹

중둔근 및 대퇴사두근 등 하체 강화를 통해 다운스윙 시
지면 반발력 사용력을 높이는 데 도움이 되는 동작이다.

운동 횟수 좌우 10회씩   운동 세트 3세트   준비물 탄력 밴드

① 다리를 골반 너비로 벌리고 서서 탄력 밴드를 허벅지에 묶어준 뒤 무릎과 고관
절을 30도 정도 굽혀 상체를 약간 숙인다.

   Tip 무릎과 발끝이 안으로 모이지 않도록 한다.

② 오른발을 오른쪽으로 옮기면서 왼발도 오른쪽으로 따라간다. 한 방향으로 다섯
걸음을 갔다가 다시 반대 방향으로 이동한다.

   Tip 다섯 걸음에 1회로, 좌우 이동한 후 앞뒤로도 이동한다.

   Tip 상체가 일어서면 중둔근보다는 옆 허벅지 근육이 자극되므로 상체 각도를 유
지한다.

런지 로테이션

상체 회전의 저항을 이겨내면서 하체 움직임을 안정화시킬 수 있는 동작이다.

운동 횟수 좌우 10회씩   운동 세트 1세트   준비물 탄력 밴드

① 왼 무릎을 꿇고 런지 자세에서 양팔은 밴드를 잡아 앞으로 뻗는다.
② 오른쪽으로 몸통을 회전하면서 팔을 바깥으로 뻗어준 뒤 천천히 몸통과 팔을
돌려 ①의 자세로 돌아온다. 반대쪽도 동일하게 진행한다.
   Tip 하체가 움직이거나 흔들리지 않도록 한다.

상하체 분리에 도움이 되는 동작
사선 방향 운동

다운스윙에서 몸통 축을 유지할 수 있도록
몸통 코어를 강화시켜주는 동작이다.

운동 횟수 좌우 10회씩　운동 세트 1세트　준비물 탄력 밴드

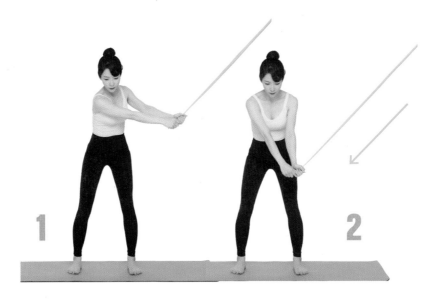

① 다리를 골반 너비로 벌리고 무릎과 상체를 조금 숙인 뒤 백스윙 자세처럼 팔을
　 옆으로 뻗어 밴드를 잡는다.
② 정면으로 몸을 회전하면서 다운스윙 하듯 반대쪽 무릎 방향으로 당긴다.
　 Tip 골반이 옆으로 빠지는 스웨이나 몸통이 기우는 틸트 등이 나타나지 않도록 상하
　 체의 축을 잘 유지한다.

깔끔한 스윙을 위해
지면 반발력을 이용하라

전환 동작과 다운스윙에서 좋은 스윙의 기준은 세 가지 과정을 통해 알 수 있다.

첫 번째, 중심 이동이 이루어진다(Glide). 두 번째, 회전이 된다(Spin). 마지막으로 지면을 밀어낸다(Launch).

이 세 가지의 과정들이 이루어지기 위해서는 지면과의 관계가 절대적으로 필요하다. 즉, 지면과의 관계를 통해 어떻게 힘을 생성해야 하는지 알아야 한다는 의미가 된다.

대부분의 아마추어는 이 순서를 신경 쓰지 않고 스윙을 구사한다. 다음으로 설명하는 여러 유형들 가운데 나는 어떤 유형에 속하는지 확인해보고 부족한 점이 무엇인지 알아보자.

유형 ❶ 직선 이동(중심 이동) 없이 회전만 있을 때

행잉백이 생기고 오버 더 탑으로 덮어 치는 문제가 발생한다. 뒤땅도 빈번하게 일어난다. 엉덩이의 회전보다 중심 이동이 먼저 일어날 수 있도록 연습한다.

유형 ❷ 팔을 내리고 중심 이동해 오른발 수직 점프가 일어날 때

얼리 익스텐션이 생기고, 타핑이나 훅 구질 또는 생크를 유발한다. 이 경우도 중심 이동이 일찍 되도록 연습하고, 백스윙에서 오른발 뒤꿈치에 체중을 실었다가 다운스윙 시 오른발 앞꿈치로 오지 않고 왼발로 중심 이동이 되게 연습하면서 수직 점프가 늦춰지도록 해야 한다.

유형 ❸ 골반이 회전이 없어 밀리거나 얼리 익스텐션이 생길 때

타이트한 고관절 문제로 아무리 연습을 해도 골반이 회전되지 못하고 결국엔 밀리거나 얼리 익스텐션이 생기는 경우가 있다. 고관절 문제로 인해 골반 회전이 없는 이러한 경우 생크가 발생하기 쉽고 골반 회전이 원활하지 못해 덮어 치거나 몸이 열리지 못해 손목이 빨리 돌아서 훅이 나는 등의 회전 부족으로 인한 여러 가지 문제점이 발생하게 된다. 덮어 치는 경우 오른발을 바깥으로 열어서 백스윙의 길에 도움을 주고, 왼쪽 회전이 막힌다면 왼발을 바깥으로 열어서 다운스윙의 길에 도움을 주도록 한다.

지면 반발력을 이용한
무게 중심 이동을 만들자

골프를 하면서 지면 반발력을 이용하라는 이야기를 한 번쯤 들어봤을 것이다. 초보 골퍼라면 '머리, 척추 각 유지 외에도 수십 가지를 신경 써야 하는데 그런 고급 기술까지 어떻게 하라는 말이지' 하며 혀를 내두를 수도 있겠다.

쉽게 멀리 뛰기를 예로 상상해보자. 제자리에서 뛰는 것보다 달려와서 땅을 세게 밟고 뛰는 것이 더 힘차게, 그리고 멀리 나아갈 수 있는 방법이다. 발로 지면을 누르는 힘이 반대로 지면으로부터 신체를 밀어주는 힘이라고 생각하면 이해하기 쉬울 것이다.

발바닥으로 온전히 지면을 밟는 힘을 잘 느껴야 무게 중심이 자연스럽고 올바르게 이동할 수 있다. 또한 지면 반발력은 스윙의 정확성과 비거리를 높이는 요인이므로 이 힘을 잘 활용할 수 있어야 한다.

지면 반발력을 이용해 멀리 뛰기하는 모습

스쿼트나 데드리프트와 같은 운동 동작을 제대로 해본 사람이라면 이 말을 잘 이해할 수 있을 것이다. 무거운 무게를 들어 올리기 위해서는 단순히 내 몸속 근력만으로는 부족하다. 지면을 밟으면서 그 반작용의 힘이 몸에 쨍쨍하게 전달되어야 가능한 것이다.

이어질 운동 방법들은 흔히 하던 스쿼트, 런지 동작들에서 지면 반발력을 사용에 초점을 두었다. 동작을 하면서 일어날 때 지면을 발바닥으로 밀어내는 느낌으로 진행한다면 전환 동작과 다운스윙을 하는 동안 조금 더 무게 이동감을 잘 느낄 수 있고, 훨씬 더 효율적으로 힘을 만들어낼 수 있을 것이다.

다음으로 무게 이동 연습에 도움이 되는 동작들을 연습해보자.

밴드 스쿼트

발바닥으로 지면을 밀면서 일어서는 스쿼트 동작을 통해
지면 반발력을 몸통으로 전달하는 훈련을 할 수 있다.

운동 횟수 10회   운동 세트 3세트   준비물 탄력 밴드

❶ 다리를 골반보다 조금 넓게 벌린다. 밴드를 몸 뒤에서 교차하여 어깨에서 잡는다.

❷ 엉덩이를 뒤로 빼면서 무릎이 발보다 앞으로 나가지 않게 앉은 뒤 지면을 발로 누르면서 힘차게 일어난다.

사이드 런지

지면 반발력을 사용해 무게중심을 좌우로 이동시키는 훈련을 할 수 있다.

운동 횟수 좌우 10회씩　**운동 세트** 3세트　**준비물** 클럽

❶ 클럽을 어깨 너비로 들고 양발을 모아 선다.
❷ 오른 무릎을 굽히면서 오른쪽으로 다리를 벌리는 런지 동작을 한다. 이어 오른
　발로 바닥을 차면서 시작 자세로 돌아온다. 반대쪽도 동일하게 진행한다.

측면 전환 동작과 다운스윙 체크 포인트

❶ 엉덩이 뒷라인

백스윙에서의 척추 각이 그대로 유지되어야 한다.

Check 측면에서 영상을 찍고 셋업 자세에서 라인을 엉덩이에 붙여서 지면에 수직으로 그어본다. 전환 동작 및 다운스윙으로 연결되는 동작에서 엉덩이가 여전히 라인에 붙어 있거나 더 뒤로 나가는 것이 좋은 움직임이다.

❷ 스윙 플레인

측면에서 스윙 영상을 찍고 셋업에서 샤프트 연
장선을 그어주고 공에서 겨드랑이까지 연장선
을 그어준다. 이 두 선 사이를 '슬롯'이라고 하는
데, 다운스윙 시 이 슬롯 안으로 클럽이 들어와
야 한다.

Check

만일 윗선보다 클럽 헤드가 더 왼쪽으로 넘어 내려
올 경우 이를 '오버 더 탑'이라고 하며, 지나친 아웃
인 궤도와 슬라이스 구질을 만들 수 있다. 또한 아
랫선보다 헤드가 더 아래로 진입한다면 이를 '언더
플레인'이라고 하며, 인 투 아웃 궤도를 만들고 드
로우 구질이나 훅 구질을 만들 수 있다.

NG 자세 확인하기 ❶

오버 더 탑

다운스윙에서 상체를 과하게 사용했을 때 엎어치는 동작을 '오버 더 탑(Over the top)'이라고 한다.

미들 아이언까지는 방향성에 큰 지장이 없을 수 있지만 롱 아이언, 우드, 특히 드라이버를 치게 되면 심한 슬라이스 구질과 함께 거리 손실이 많은 스윙을 하게 된다. 또한 지나친 아웃인 궤도와 슬라이스 구질을 만들기도 한다.

중심 이동이 잘 되지 않거나 공의 위치가 너무 왼쪽에 쏠려 있거나, 혹은 너무 높거나 낮은 백스윙이 오버 더 탑의 원인이 될 수 있다. 신체적 원인으로는 상체에서 하체를 분리할 수 있는지, 어깨 외회전 가동 범위가 충분하지 않은 것이 요인이 될 수 있다.

불리한 신체 상황이라면 오버 더 탑 교정이 어려울 수는 있지만 아예 불가능한 것은 아니다. 오버 더 탑을 교정하기 위해서는 클럽이 좀 더 인사이드로 내려올 수 있도록 해야 한다. 또한 백스윙에서 절대 엉덩이가 오른쪽으로 밀리지 않도록 연습하면 좋다. 피칭이나 9번 아이언을 사용해 공을 오른발에 놓고 인아웃으로 치는 하프 스윙 연습이 도움이 될 것이다. 이때, 오른쪽 엉덩이를 뒤로 많이 빼놓고 치는 연습을 하면 인사이드 공간을 많이 활용하며 오버 더 탑을 하지 않고도 공을 치는 감각을 키울 수 있다.

올바른 백스윙   오버 더 탑 다운스윙

NG 자세 확인하기 ❷

얼리 익스텐션

측면 셋업 상태에서 엉덩이와 지면까지 수직으로 선을 그어본다. 백스윙을
하면 그대로 선에 닿아 있어야 하는데 그렇지 못하고 엉덩이가 선에서 떨어
진다면 이를 '얼리 익스텐션'이라고 한다.

올바른 백스윙   얼리 익스텐션 다운스윙

오버 더 탑과는 반대로 지나치게 인사이드에서 진입하는 '언더 플레인 (Under plane)'으로 심한 인아웃 궤도에 훅 구질을 만들 확률이 높다. 또한 추가적으로 뒤땅과 타핑 또는 생크가 나올 수 있다. 이러한 NG 자세가 계속된다면 TPI에서는 '오버헤드 딥 스쿼트'가 가능한지, 골반 기울이기 동작이 잘되는지 확인한다.

만일 오버헤드 딥 스쿼트가 되지 않는다면 약 80퍼센트는 연습으로 교정이 가능하지만, 완벽하게 교정하기는 매우 어렵다. 완벽한 교정을 위해서는 골반 기울이기와 오버 헤드 딥 스쿼트가 가능하도록 코어 조절과 발목 배측 굴곡 가동 범위가 충분해지도록 추가적인 교정 운동이 필요하다.

얼리 익스텐션 교정의 포인트는 다운스윙 시 양쪽 엉덩이와 무릎을 구부리는 연습을 하는 것이다. 근본적으로 다운스윙의 중간 동작이 생략되고 힘이 위에서 일찍 쓰이면 생기는 것이 얼리 익스텐션이기 때문에 엉덩이만 뒤로 빼는 것보다는 앉으면서, 숙이면서 중간 지점까지 내려오고, 멈췄다가 그 지점에서 공을 쳐보는 것으로 동작을 나눠서 연습하는 것이 효과적이다.
언더 스로(Under throw)로 공을 던지는 동작을 상상해보면 중간 동작으로 몸이 낮아지는 것이 어떤 것인지 알 수 있다. 그럼에도 클럽을 들었을 때 어렵다면 어깨 힘을 빼고 매우 천천히 빈 스윙을 하고 부드럽게 평소 거리의 30퍼센트만 보내는 연습을 해보자.

오버헤드 딥 스쿼트

❶ 역도하듯이 클럽을 머리 위로 쭉 들어 올린다. 이때 양발은 편안한 넓이로 벌리고 11자를 만든다.

❷ 클럽을 머리 위에 든 상태로 스쿼트를 한다. 이때 엉덩이가 무릎보다 낮게 내려가야 한다.

Tip 측면에서 볼 때 클럽이 발끝 수직선을 넘어가지 않아야 한다.

골반 기울이기 동작

❶ 셋업 자세에서 양손을 어깨에 교차하여 댄다.

❷ 상체 각을 유지하고 골반만 앞뒤로 기울인다.

측면 전환 동작과 다운스윙 연습드릴 ❶

힙 힌지 드릴

다운스윙 시 정면 굽힘으로 되돌아올 수 있도록 연습하는 드릴이다. 측면 전환 동작 자세에서 다운스윙 시 몸 앞 공간을 만들어주는 일이 엉덩이와 골반에서의 바른 움직임을 통해 일어나는 것임을 알게 될 것이다. 또한 다운스윙 시작에서 왼쪽 어깨 기울기와 측면 자세와의 관계를 알고 연습할 수 있다.

1

❶ 양 손바닥이 정면으로 향하도록 클럽을 잡는다.

❷ 곧바로 다운스윙 모션을 취한다. 백스윙이 아닌 다운스윙의 느낌을 가지면서 어깨와 샤프트를 45도 정도 아래로 향하도록 한다.

Tip 다운스윙을 만드는 데 엉덩이 관절을 굽히면서 엉덩이가 원위치로 오되 샤프트 기울기는 그대로 유지한다.

Check 측면에서 볼 때 무릎과 엉덩이는 굴곡져 있고, 어깨 기울기는 척추 각과 수직이 되어 샤프트가 사선 아래를 향하도록 한다.

2

측면 전환 동작과 다운스윙 연습드릴 ❷

샤프트 레이저 드릴

다운스윙 시 올바른 손목 동작과 오른 팔꿈치의 외회전 동작으로 스윙 플레인과 궤도를 바르게 해주는 동작이다. 특히 오버 더 탑을 교정하는 데 효과적이다.

❶ 그립 끝에 있는 구멍에 티를 꽂고 셋업한다.

❷ 백스윙을 한다.

❸ 다운스윙 자세를 만들고 왼팔이 지면과 평행한 지점에서 티가 공을 향하게 한다.

　　Tip 오른 팔꿈치와 왼 팔꿈치가 지면과 같은 높이가 되게 하고, 왼 어깨는 오른 어깨보다 낮게 한다.

2

3

측면 전환 동작과 다운스윙 클리닉

얼리 익스텐션을 해결하자

얼리 익스텐션이 되는 원인은 고관절을 굽힌 채(Hip hinge) 힘 있게 몸통 회전을 하는 데 신체적 제약이 따르기 때문이다. 여기에는 많은 이유가 있다.

먼저 힙 힌지를 유지할 수 있을 만큼 복근에 힘이 없기 때문이다. 그렇기에 회전을 하려고 하면 어드레스 자세의 힙 힌지가 풀려버리고 만다. 이런 경우에는 스쿼트, 데드리프트와 같은 운동을 통해 힙힌지를 유지할 수 있을 만큼의 근력, 지구력을 키워야 한다.

다음으로 얼리 익스텐션의 흔한 이유 중 하나는 상하체의 분리 동작이 제대로 되지 않기 때문이다. 이는 백스윙의 스웨이(116페이지 참고)에서 소개한 운동들을 참고하면 좋다.

또 하나의 원인은 발목 유연성 저하다. 종아리 근육과 아킬레스 힘줄이 짧은 경우에는 지면과 발바닥을 잘 연결시켜 힘을 만들어낼 수 없고 스윙 또한 힙 힌지 자세를 유지할 수 없다.

이런 경우 딥 스쿼트 운동을 하면 뒤꿈치가 지면에서 떨어진다. 다음으로 소개하는 동작을 통해 충분히 발목을 스트레칭 시켜보자.

발목 스트레칭

종아리 근육과 아킬레스 스트레칭을 통해 발목 가동성을 높인다.

운동 시간 20초   운동 횟수 좌우 3회씩   운동 세트 1세트

❶ 오른 다리를 세운 자세를 만든다.
❷ 체중을 앞으로 옮겨 가슴과 무릎이 맞닿게 한다.
　 Tip 앞발의 발뒤꿈치가 바닥에서 떨어지지 않는 범위까지 몸을 이동시킨다.
　 Tip 통증이 없는 범위까지 반복하면서 점차 범위를 늘려간다.

올바른 다운스윙은 한순간에 되지 않는다

전환 동작 및 다운스윙 정면에서는 무엇보다 중심 이동과 척추 각 유지가 중요하다. 그러나 자연스러운 중심 이동과 힙 힌지를 위해서는 꽤 여러 과정을 거쳐야 한다.

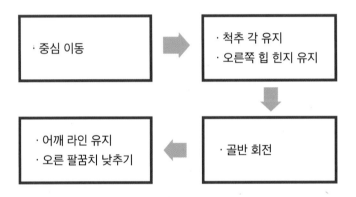

투수가 언더 스로로 공을 던지는 모습을 보면 골프의 다운스윙과 비슷하게 움직이는 것을 알 수 있다. 하체 선행이 이루어지고 자세가 낮아지면서 왼 어깨가 낮고 오른 팔꿈치가 가슴 쪽으로 파고든다. 이러한 움직임의 시퀀스를 골프 스윙에 적용하면 어렵게만 느껴지던 다운스윙이 이해되면서 잘못된 다운스윙의 문제점이 해결되기도 한다.

다만 골프 스윙은 양손으로 휘두르기 때문에 연습이 필요하다. 움직임의 원리를 이해하기 위해 클럽을 한 손으로 거꾸로 잡고 왼발을 내딛으며 스윙을 해보다가 다시 양손으로 잡고 스윙하며 자연스럽게 다운스윙의 움직임을 연습할 수 있다.

왜 하체 선행이 필요한지, 왼 어깨와 오른 팔꿈치가 낮아져야 하는 이유와 더불어 중심 이동과 힙 힌지가 무엇인지에 대한 일련의 과정들을 이해하다 보면 스윙 실력과 함께 골프 레슨을 볼 때 이해도 또한 훨씬 쉬워질 것이다.

Chapter 04

임팩트

임팩트는 공을 치는 순간의 자세로, 클럽 페이스를 정확히 스퀘어에서 임팩트가 되게 하는 것이 가장 중요하다. 임팩트 자세는 어드레스 자세와 어느 정도 비슷하지만, 선행되었던 하체가 좀 더 타깃에 가깝고 왼다리가 정면에서 볼 때 지면과 수직이 된다. 또한 손의 위치는 어드레스 자세에 비해 약간 타깃과 가깝다.

임팩트 동작은 찰나의 순간인 만큼 제어하기가 쉽지 않다. 때문에 임팩트 순간 상하체의 위치를 확인하고, 움직임 속에서도 균형 유지하면서, 힘을 쓰면서도 정면, 측면의 축을 유지하면서 안정적인 히팅이 될 수 있도록 해야 한다.

정면 임팩트
체크 포인트

❶ 머리의 좌우 움직임

임팩트 직전, 직후로 머리에 흔들림이 없어야 안정성 있게 공을 칠 수 있다.

Tip 다운스윙 시에는 스윙의 특성에 따라 약간 움직일 수 있다.

❷ 손의 위치

공 바로 위나 타깃에 조금 더 가깝게 위치하고, 왼 손등이 펴진다.

Tip 손이 공보다 타깃에 가깝게 위치한 임팩트는 비거리에 도움이 되고, 보다 낮은 탄도의 공을 칠 수 있다. 반대로 손이 공보다 타깃으로부터 멀리 있다면 스쿠핑을 하게 된 것이고, 뒤땅이나 탑핑, 공이 뜨거나 거리 손실 등의 문제가 생긴다.

❸ 엉덩이의 좌우 움직임

임팩트 순간 엉덩이는 회전하더라도 좌우로는 움직이지 않는 것이 좋다. 다운스윙 시 손이 허리 높이까지 내려오기 전에 엉덩이는 이미 임팩트 포지션에 가 있어 안정성을 확보해야 한다.

❹ 척추 각과 엉덩이 포지션

척추 각은 타깃 반대 방향으로 살짝 기운다. 이때 머리와 명치의 위치는 어드레스 때와 동일한 위치로 되돌아온다. 엉덩이 포지션이 중심 이동되어진 상태에서 임팩트가 이루어진다.

Check 셋업 자세에서 왼쪽 발목 바깥으로 지면에 수직 라인을 만들면 발목은 선에 붙어 있지만 엉덩이와 선 사이에는 공간이 생긴다. 임팩트 시에 왼쪽 다리를 선에 잘 닿게 하여 공간을 없애고 왼 다리가 발목에서부터 고관절까지 지면에 수직이 된다면 좋은 임팩트 포지션이다.

NG 자세 확인하기 ❶

슬라이드와 행잉백

임팩트 지점에서 엉덩이의 위치는 어드레스 때
보다 타깃에 가깝게 위치한다. 그리고 다운스윙
시 엉덩이는 미리 그 위치에 가 있어야 한다.

다운스윙에서 중심 이동이 되지 않거나 중심
이동이 선행되지 않다가 뒤늦게 임팩트 구간에
서 엉덩이를 타깃 쪽으로 미는 경우, 그리고 중심
이동을 선행했지만 임팩트 지점에서 엉덩이를
다시 타깃 반대 방향으로 움직이는 경우에서 NG
자세가 발생한다.

임팩트 전후로 엉덩이가 몸의 중앙이 아닌 오
른쪽이나 왼쪽으로 이동하고 있다면 손과 클럽의
움직임에도 좋지 않은 영향을 주고, 방향과 비거
리에도 손해가 생긴다.

해당 NG 자세의 원인으로는 중심 이동과 임팩
트 포지션 연습이 제대로 이루어지지 않아서일
수도 있지만, 신체 제한으로 인한 원인도 많
다. 임팩트 시 왼쪽 고관절의 내회전이 이루
어지지 않거나 왼쪽 다리의 균형을 만드
는 고유 수용성 감각이 부족하거나, 중심

왼 다리가 바르게 지탱한 자세

이동에 필요한 오른쪽 둔근 및 임팩트 시 지탱하는 왼쪽 둔근과 다리 근력이
부족하다면, 임팩트 지점에서 슬라이드 혹은 행잉백 자세가 생기게 된다.

행잉백 자세   슬라이드 자세

NG 자세 확인하기 ❷

스쿠핑

임팩트 자세에서 클럽 헤드가 손보다 타깃에 더 가까운 모양이 되고 왼 손등이 접히는 동작을 '스쿠핑(Scooping)'이라고 한다. 스쿠핑이 일어날 경우 뒤땅이나 탑핑이 발생하고 비거리에 손실을 주기 때문에 바로잡는 연습이 필요하다.

스쿠핑이 나타나는 원인은 다양한데, 다운스윙 순서가 올바르지 않아 오버 더 탑 스윙이나 캐스팅을 하게 되면서 연쇄적으로 일어나기 쉬운 동작이 바로 스쿠핑이다. 다운스윙 시 몸이 위로 일어나는 얼리 익스텐션 동작이 있는 경우에도 스쿠핑이 나오기 쉽다. 또한 임팩트 동작에서 공을 맞추기 위해 몸과 손을 순간적으로 심하게 감소하는 경우에도 스쿠핑이 일어난다.

다운스윙 동작이 잘 되더라도 공을 치는 타이밍이 손에 제대로 익지 않았다면 스쿠핑을 하게 되기

올바른 임팩트 자세

때문에 손의 기능을 훈련하는 연습이 필요한 경우도 있다. 이 경우 아주 작은 스윙으로 손의 움직임만 연습하는 것이 좋다. 자주 임팩트 포지션을 정지 상태로 만들어보는 연습을 해보는 것도 효과적이다.

   신체적인 제한으로 인해 스쿠핑이 나타나는 경우로는 손목의 굴곡과 신전이 부족한 경우가 있다. 임팩트에 돌입할 때 왼 손목의 굴곡이 필요하고 오른 손목의 신전이 필요한데, TPI에서는 손목의 굴곡과 신전 모두 60도가 되지 않으면 제한이 있다고 평가한다.

왼 손등이 접히는 스쿠핑

정면 임팩트 연습드릴 ❶

손등 크로스 드릴

클럽 없이 평소에도 쉽게 할 수 있는 연습으로 임팩트 시점에 올바른 손의
위치와 손목의 모양을 익힐 수 있는 드릴이다. 공이 너무 뜨거나 손목 풀림
현상이 많이 일어나는 골퍼에게 꼭 필요한 드릴이다.

❶ 셋업 자세에서 왼손이 위에 올라오도록 하여 손목을 손등끼리 마주하게 교차시킨다. 왼 손등은 펴지고, 오른 손등은 구부린 상태가 된다.
❷ ❶의 자세에서 스윙을 한다.
❸ 임팩트 포지션을 만든다. 손의 위치는 왼쪽 허벅지 앞까지 오도록 한다.

3

정면 임팩트 연습드릴 ❷

스플릿 스탠스 스윙 드릴

임팩트 시 왼 다리의 안정성과 균형을 연습할 수 있는 드릴이다. 왼 다리가 지면에 수직이 된 상태에서 고관절 내 회전을 촉진하며 손의 올바른 움직임과 타이밍을 익힐 수 있게 도와준다. 또한 무릎이 먼저 돌지 않고 고관절 내 회전이 먼저 일어나 왼쪽 엉덩이에 힘을 싣는 연습도 함께 하게 된다.

❶ 셋업에서 왼발에 체중의 70% 정도를 싣고 오른발을 뒤로 뺀다. 이때 왼쪽 엉덩이가 오른쪽 엉덩이보다 살짝 높게 한다. 왼발은 12시, 혹은 1시 방향을 바라보도록 한다.

❷ 3분의 1 혹은 하프 스윙을 진행한다. 스윙을 하는 동안 왼쪽 무릎은 정면을 향하도록 한다.

  Tip 뒤땅이나 탑핑이 자주 발생한다면 손의 기능이 부족한 것이다. 손이 일찍 펴지거나 힘을 일찍 쓰지 않도록 손을 잘 사용할 수 있는 연습을 추가로 하도록 한다.

❸ 가볍게 짧은 스윙을 하면서 공을 친다. 골반과 상체는 약간 회전하지만 왼 무릎 정면을 향하는 것과 척추 각을 유지하며 클럽 페이스와 손의 움직임에 집중한다.

  Tip 이처럼 움직임을 가져갈 경우, 자연히 몸의 축에 변화가 적어지기 때문에 손의 기능과 감각에 집중하기 수월하다.

3

정면 임팩트 클리닉 ❶

발 때문에 골프가 안 된다고?

스윙의 모든 과정에서 발과 발목은 우리 몸의 기둥 역할을 한다. 지면과 무게 중심을 이동시키고 회전하는 동안 버팀목 역할을 하는 것이다.

언뜻 발목은 큰 움직임 없이 고정되어 보이지만 백스윙에서 피니시까지의 과정에서 발목은 굽혀졌다가 펴지고, 안쪽에서 바깥으로 기울어지면서 여러 가지 움직임을 만들어낸다. 즉 이러한 발목의 움직임이 원활하게 일어나지 않는다면 지면 반발력을 잘 사용할 수 없고, 그로 인해 힘을 잘 만들어낼 수 없다. 또한 회전 시 신체 축을 유지할 수 없어 골반이 빠지거나 상체가 기울어지는 등의 문제도 발생하며, 무릎과 골반의 움직임을 제한해 척추 각을 유지할 수 없게 만들거나 몸통의 회전을 제한시키기도 한다.

골프가 잘 되지 않는 여러 가지 이유 중에 근본적으로 원인이 되는 발목과 발의 상태를 반드시 체크하고 관리해주어야 한다.

정면 임팩트 클리닉 ❷

손목에 힘이 없고 자주 통증이 생긴다면?

손목의 문제로 인해 임팩트에서 문제가 일어난다면 손목 운동 범위를 확인해보아야 한다. 뼈나 관절 자체의 구조적 문제가 아니라면 운동과 마사지를 통해 문제를 해결할 수 있다. 또한 과도한 손목의 사용은 손목 통증뿐만 아니라 팔꿈치 통증을 일으키게 되므로 만약 통증이 있다면 특히 운동과 마사지를 꾸준히 해주는 것이 좋다.

다음으로 소개하는 동작들은 발과 발목의 컨디셔닝에 도움이 되는 동작들과 손과 손목 컨디셔닝에 도움이 되는 동작들이다. 충분히 동작을 진행하며 유연성과 컨디셔닝을 동시에 올리며 스윙 시 생길 수 있는 부상을 예방하고 통증을 줄일 수 있도록 하자.

한 발 서기

발목의 안정성을 평가하고 훈련할 수 있는 동작이다.

운동 시간 좌우 30초씩   운동 횟수 1세트

1

❶ 가슴 앞에 양손을 교차시켜 어깨에 댄 뒤 한 발로 선다. 반대쪽도 동일하게 진행
한다.

   Tip 한 발을 떼고 몸이 기울어지지 않도록 자세로 30초를 유지하고 점차 2분까지
시간을 늘린다.

   Check 5초 이상 서 있을 수 없다면 발목 안정성과 균형 능력이 심각하게 떨어져 있
는 것이다.

한 발 서서 뒤꿈치 올리기

후경골근 및 종아리 근육 강화로 발목 안정성을 강화시킨다.

운동 시간 좌우 5초씩   운동 횟수 좌우 10회씩   운동 세트 3세트   준비물 의자

① 의자를 잡고 오른발로 선 상태에서 뒤꿈치를 든다. 반대쪽도 동일하게 진행한다.

Tip 발목이 바깥으로 뒤집어지지 않도록 한다.

3포인트 운동

발목의 동적 안정성을 평가하고 훈련할 수 있는 동작이다.

운동 횟수 좌우 10회씩   운동 세트 3세트

① 오른 무릎을 굽히고 왼 무릎을 편다. 왼발 끝을 12시 방향에 찍는다.

  Tip 각 방향마다 3초 정도 머물다가 이동한다.

② 왼발 끝을 4시 방향에 찍는다.

③ 왼발 끝을 8시 방향으로 찍고 제자리로 돌아온다. 반대쪽도 동일하게 진행한다.

발가락 묵찌빠

발의 내재근을 강화시킬 수 있는 동작이다.

운동 횟수 좌우 10회씩   운동 세트 3세트

① 발바닥을 땅에 붙이고 발가락 전체를 위로 들어 올린다.
② 엄지발가락만 들어 올린다.
③ 엄지발가락을 제외한 나머지 발가락만 들어 올린다. 반대쪽도 동일하게 진행
한다.

손목 굴곡, 신전 운동

손목의 유연성과 컨디셔닝에 도움이 되는 동작이다.

운동 횟수 10회   운동 세트 3세트   준비물 탄력 밴드, 테이블

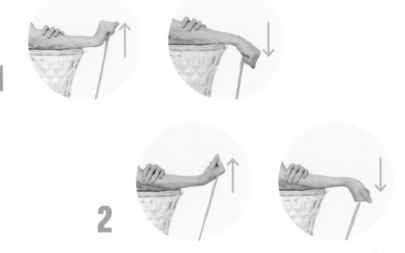

① 손에 밴드를 쥐고 손등이 위로 향하도록 팔을 테이블에 고정시킨 뒤 주먹을 들어 올렸다가 천천히 내린다.

   Tip 팔꿈치가 굽혀지지 않도록 팔을 고정한다.

   Tip 3초 동안 일정한 속도로 주먹을 올렸다가 천천히 내린다.

② 손등이 바닥으로 향하도록 팔을 테이블에 고정시킨 뒤 주먹을 들어 올렸다가 천천히 내린다. 반대쪽도 동일하게 진행한다.

엄지 측 손목 강화 운동

손목의 유연성과 컨디셔닝에 도움이 되는 동작이다.

운동 횟수 좌우 10회씩   운동 세트 3세트   준비물 탄력 밴드, 테이블

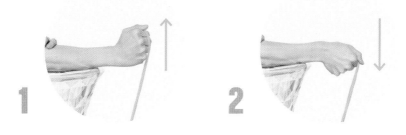

① 손등이 바깥으로 향하도록 밴드를 쥔 상태에서 팔을 고정시킨 뒤 주먹을 천천히 위로 올렸다가 내린다. 반대쪽도 동일하게 진행한다.

BONUS 11
손의 움직임을 컨트롤하라

다운스윙 시퀀스에서 힘은 '하체→상체→팔→클럽' 순으로 전달되는데, 임팩트 구간에서도 같은 순서로 안정화를 시켜줘야 손을 잘 쓸 수 있다.

물론 임팩트 시 하체와 상체를 정지하라는 것은 아니다. 공을 던질 때 손을 가속시키기 위해서 몸이 순간 감속되며 강하게 버티는 힘이 작용하는 원리를 생각해보면 쉽다. 몸을 감속하고 힘을 빼서 손을 가속시키는 것이 아니라 손을 가속하느라 몸이 감속되며 버티는 안정성이 생기는 것이다.

그래서 몸의 안정성이 부족한 이유가 바로 손이 제대로 기능하지 못하기 때문인 경우가 많은 것이다. 임팩트를 하는 순간 손을 밀고 있거나 몸이 일어나는 것이다. 몸의 잘못된 동작으로 손 연습을 못하게 되고, 그래서 자세가 교정되어도 오히려 공이 맞지 않는 경우가 많다.

캐스팅 (오류)	+	얼리 익스텐션 (오류)	➡	공이 잘 맞음
캐스팅 (오류)	+	얼리 익스텐션 교정 후	➡	뒤땅

이러한 경우 몸을 고정하고 손과 팔로만 공을 쳐보면 지속적으로 뒤땅을 치게 되는 것을 알 수 있다. 이제 몸을 완전히 고정했으니 뒤땅의 책임은 온전히 손에게 있는 상황인 것이다. 상황에서 몸을 고정하고 손으로만 뒤땅을 치지 않도록 연습한다면 손 훈련을 할 수 있고, 몸이 스윙 중 자세 유지와 안정성을 얻게 되었을 때 공이 더 잘 맞는 효과를 얻을 수 있다.

　　골프 스윙은 몸통의 움직임도 중요하지만 임팩트를 만드는 연습 과정 중에 손의 기능이 얼마나 잘 개발되고 있는가가 정말 중요하다.

팔꿈치, 어깨 통증으로 힘들다면 손목을 체크하자

한번씩 시큰하게 팔꿈치가 아파오면 '며칠 쉬면 괜찮아지겠지' 하고 별일 아닌 듯 통증을 가볍게 넘기고는 한다. 시간이 치료해줄 것이라 생각하고 기다려보지만, 그러나 기대했던 대로 통증은 사라지지 않는다. 며칠이 지나 연습을 가면 여전히 팔꿈치가 아파오는 경험이 대부분 있을 것이다.

물론 뒤땅을 치거나 손목이 풀려서 그 충격으로 인한 원인이 가장 크지만, 팔꿈치 통증이 잘 생기는 체형이 있다. 바로 손목과 어깨의 가동 범위가 다 나오지 않고 뻣뻣한 경우가 이에 해당한다.

백스윙과 팔로우 스루까지 손목은 손바닥이 위로 향하는 회외(Supination)와 손바닥이 아래로 향하는 회내(Pronation) 동작을 양손이 교차로 만들게 된다. 그리고 이와 연결하여 어깨의 외회전과 내회전도 함께 일어난다. 그런데 이러한 움직임에 제한이 생기게 되면 우리 몸은 다른 신체 부분에서 보상적으로 더 많은 움직임을 만들어내야 한다.

그중 흔히 손목에서 과도하게 코킹이나 스냅을 사용할 수밖에 없어 팔꿈치 통증이 일어난다. 또한 어깨 내, 외회전이 잘 되지 않다 보면 팔꿈치를 접어

올리거나 팔을 높게 들어 올려 어깨충돌증후군이나 회전근개 손상을 야기하기도 한다. 이렇게 되면 불필요한 움직임이 많아지면서 정확한 임팩트를 만들어내기 힘들어진다.

　다음의 테스트를 통해 나의 손목, 어깨 컨디션을 스스로 점검해보자.
　그리고 만약 체크 사항에 해당된다면 이어서 소개하는 동작들을 충분히 따라 해보기를 바란다.

손목, 어깨 컨디션 자가 테스트

다음의 동작을 따라 해보고 만약 다음 체크 사항에 해당된다면 팔꿈치 아래 근육과 관절의 문제가 있다.

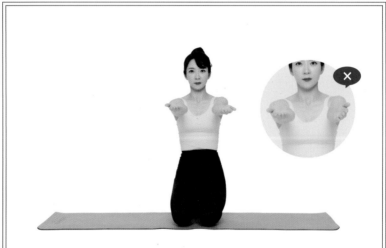

❶ 양팔을 어깨 정도의 높이로 쭉 뻗고 손바닥은 위를 향하게 한 뒤, 손 등이 위로 향하도록 돌린다.

체크 사항

☐ 양 손바닥이 수평하게 하늘을 볼 때까지 돌아가지 않고 양손이 차이 가 난다.

회내근 마사지

회내근의 이완으로 백스윙 및 릴리즈에서의
손목 회전에 도움을 주는 마사지 방법이다.

운동 횟수 좌우 10회씩 **운동 세트** 1세트

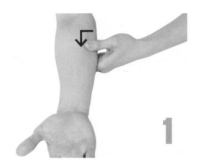 

❶ 안쪽 팔꿈치에서 안으로 2cm, 아래로 2cm 내려간 지점을 엄지손가락으로 누른다.
❷ ❶을 유지한 상태에서 손바닥을 펴서 손바닥이 바닥을 향하도록 3초에 걸쳐 돌린다. 반대쪽도 동일하게 진행한다.

앞팔, 손목 스트레칭

손목 굽힘근의 스트레칭으로 손목 가동 범위 증가와
팔꿈치 통증을 예방시켜주는 스트레칭 동작이다.

운동 시간 15초   **운동 횟수** 5회   **운동 세트** 1세트

❶ 기어가는 자세에서 손가락이 몸을 향하도록 바닥에 붙인다.
❷ 몸을 천천히 뒤로 보낸다.

흉근 스트레칭

말린 어깨를 펴주어 어깨 통증과
팔꿈치 통증을 예방시켜주는 스트레칭 동작이다.

운동 시간 15초 **운동 횟수** 10회 **운동 세트** 1세트

❶ 바닥에 누워 양 팔꿈치를 접어 가슴 앞에 모은다.
❷ 쇄골이 넓어지는 느낌으로 양팔을 바깥으로 벌린다.
　Tip 목이나 어깨가 경직되지 않도록 하고, 어깨가 앞으로 튀어나오지 않도록 한다.

측면 임팩트
체크 포인트

❶ 엉덩이 뒷벽 유지
임팩트 직전 다운스윙에서 엉덩이에
선을 긋는다. 임팩트 때 선에 그대로
붙어 있거나 왼쪽 엉덩이가 선을 넘어
가게 된다.

Tip 선에서 떨어져서는 안 된다.

❷ 오른 팔꿈치
오른 팔꿈치는 가슴 측면 아래에 위치
하고 약간 굽혀진 상태가 된다. 직선
으로 펴진 왼팔은 오른팔 위로 보이게
된다.

❸ 척추와 엉덩이 각도 변화
올바른 순서로 다운스윙을 하고 임팩트 시 불필요한 몸통의 급가속이 이루어지지 않는다면 척추 각과 힘의 각도는 유지된다.

Check 임팩트 직전, 직후를 촬영하여 돌려보면서 척추와 엉덩이의 각도 변화가 심한지 체크해본다.

NG 자세 확인하기 ❶

오른 팔꿈치가 펴지는 자세

다운스윙 시 엉덩이와 무릎 발목의 굴곡진 자세가 잘 유지되었더라도 임팩트 동작에서 일어난다면 오른 팔꿈치가 일찍 펴지게 된다. 그로 인해 캐스팅과 스쿠핑, 생크 등 정확성과 비거리에 좋지 않은 영향을 준다.

임팩트에서 필요 이상으로 힘을 주거나, 릴리스 없이 급하게 가속을 하거나, 손의 기능적 타이밍 오류로 뒤땅을 자꾸 치면 오른 팔꿈치가 펴지는 NG 자세가 나올 수밖에 없다. 다시 말해 손을 잘못 사용해서 뒤땅을 치게 되고, 뒤땅을 칠까 봐 본능적으로 일어나게 되는 것이다.

신체의 제한으로 인한 경우, 오른쪽 사이드 밴딩(측면 굴곡)이 잘 이루어지지 않아서일 수 있다. 다운스윙에서는 정면 굴곡이 필요하지만 임팩트 동작에서는 정면 굴곡이 아닌 측면 굴곡으로 전환되기 때문이다.

올바른 임팩트 자세

또한 왼 다리 햄스트링이 타이트한 경우도 해당되는데, 무릎을 편 상태에서 발끝 닿기가 되지 않는다면 임팩트 동작에서 왼쪽 엉덩이가 충분히 뒤로 빠지지 못해서 일어나는 NG 자세가 발생하게 된다.

다운스윙을 잘했어도
임팩트 순간 일어나는 자세

NG 자세 확인하기 ❷

아웃인 궤도 자세

임팩트 동작에서 클럽 헤드가 지나는 길을 확인하기 위해서는 임팩트 정지 자세에서 샤프트에 선을 그어주고 영상을 몇 프레임 앞뒤로 움직여보면서 알 수 있다. 클럽 헤드가 임팩트 플레인 라인 위에서 진입해 지나가는 경우에는 아웃인 궤도가 된다. 이로 인해 비거리 손실, 슬라이스, 정타에 잘 맞지 않는 부작용이 생긴다.

전환 동작과 다운스윙을 잘했더라도 임팩트 구간 아웃인으로 빠지는 문제가 있다면, 우선 정면 자세에서 행잉백이 있는지 체크해보자. 만일 문제가 없다면 다음으로는 손목의 사용이 올바르지 못해서일 수 있다. 임팩트 직전 진입에서 손목이 외회(Supination)하지 않고 척측 굴곡 (Ulnar devia-tion)이 임팩트 지점에서 심해지는 것이다. 그래서 오른 손등 각을 유지하지 못하고 굽힘(Flextion)이 생기는 것이다.

임팩트 정지 화면에서
샤프트 선 확인하기

올바른 자세는 손이 오른 허벅지 정도에 왔을 때, 이미 척측 굴곡은 마무리 되고 왼 손목의 굴곡과 오른 손목의 신전이 유지된 상태에서 외회로 진입해 야 한다. 여기에서 외회는 임팩트 동작에서 클럽 페이스를 타깃에 스퀘어가 되게 해주고 손이 클럽보다 가깝도록 한다.

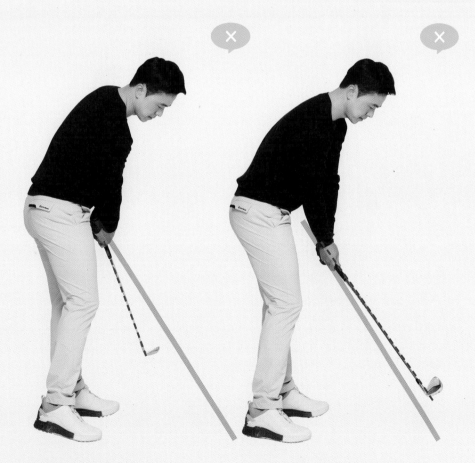

임팩트 직후에 클럽 헤드가 몸 쪽으로
빨리 들어오지 않도록 해야 한다.

아웃인 패스

측면 임팩트 연습드릴 ❶

임팩트 포지션 드릴

공을 치면서도 자주 연습할 수 있는 드릴이다. 임팩트에서 골반 회전 정도
와 손의 위치, 오른 팔꿈치, 골반과 상체의 측면 굽힘 정도를 한꺼번에 몸으
로 미리 느끼고 리허설해서 실제 동작에서 찾아갈 수 있게 만들어준다.

① 셋업 자세를 취한다.

② 백스윙을 하지 말고 곧바로 임팩트 자세를 만든다. 이때, 클럽 헤드는 제자리에 둔 상태에서 손을 타깃으로 가깝게 살짝 움직인다. 머리는 움직이지 않고 엉덩이도 타깃에 가까워져 왼 다리가 정면에서 볼 때 직선이 되도록 한다.

Tip 체중은 왼발에 실리게 된다.

③ 조금만 백스윙을 한다.

④ ② 동작의 느낌을 기억하며 다시 임팩트 자세로 돌아온다.

3

4

측면 임팩트 연습드릴 ❷

임팩트 구간 손목 안정화 드릴

손목의 안정성을 높여주는 드릴
이다. 임팩트 시 순간적인 척측 굴
곡이나 스쿠핑, 아웃인 궤도를 방
지할 수 있는 드릴이다.

또한 손목의 요측 굽힘을 유지하
면서 안정적으로 만들어주고, 손과
헤드 길의 관계까지 연습할 수 있
는 드릴이다.

❶ 셋업 자세에서 손목을 위로 힌지한다.

❷ 샤프트가 3분의 1정도의 백스윙으로 세워지게 한다.

❸ 샤프트가 지면과 평행인 상태로 되돌아온다. 이때 손의 위치는 왼쪽 허벅지 앞에 오도록 하고, 오른 손등이 약간 굽혀진 상태가 되도록 한다.

Tip 해당 드릴이 잘 된다면 조금씩 샤프트 각도를 내려서 연습하면서 손목의 올바른 전환 흐름을 느껴본다.

3

샤프트의 기울기를 잡아라

임팩트와 어드레스 측면 자세를 비교해볼 때 손의 위치에 따라서 샤프트의 기울기가 달라진다. 샤프트의 기울기가 달라진다는 것은 클럽 헤드의 라이 각이 달라진다는 말이고, 라이 각이 달라진다는 것은 임팩트의 정확성과 페이스 앵글에 변화를 준다. 왜 페이스 앵글에 변화를 주는지 좀 더 쉽게 이해하기 위해 다음의 사진을 보자.

샤프트의 기울기 변화에 따른 라이 각 비교

    임팩트 시 손이 낮으면 페이스 앵글은 목표의 왼쪽으로 향하고, 손이 높으면 오른쪽으로 향한다. 이유는 클럽 페이스의 로프트 각도 때문이다. 클럽 페이스는 목표의 위쪽을 향하게 되는데 손의 위치 때문에 샤프트의 기울기가 달라지면 헤드도 같이 옆으로 기울어지게 되고, 위를 향하던 페이스 각도도 덩달아 기울어지게 되는 것이다.

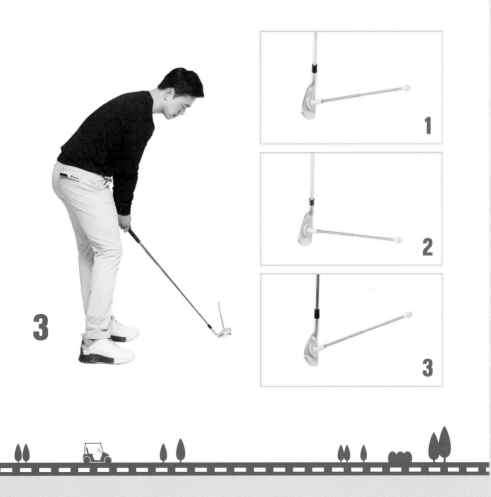

클럽 페이스가 향하는 방향은 아이언의 경우 약 70퍼센트, 드라이버의 경우에는 약 85퍼센트 정도 공의 출발 방향에 직접적인 영향을 준다.

다음 세 가지 변화로 페이스를 컨트롤할 수 있다.

페이스를 컨트롤하는 세 가지 방법

❶ 클럽 페이스는 샤프트와 하나로 이어져 있어서 샤프트 각이 임팩트 시 타깃 방향으로 기울어지면 로프트가 낮아져 공이 낮게 가고, 타깃 방향에서 먼 쪽으로 기울면 공이 높이 뜬다. 이것은 임팩트 시 왼 손등을 볼록하게 만들어서 아래를 향하게 하는 것으로 컨트롤된다.

❷ 손목을 회전시켜서 왼 손등이 타깃의 오른쪽을 향하면 페이스도 오른쪽, 타깃의 왼쪽을 향하면 페이스도 왼쪽을 향하게 된다. 오른 손바닥도 동일하다.

❸ 샤프트가 공이 있는 방향으로 세워지면 페이스의 로프트 각도 때문에 페이스는 타깃의 오른쪽을 향하게 된다. 반대로 샤프트가 몸 쪽 방향으로 눕혀지면 페이스는 타깃의 왼쪽을 향한다. 이것은 임팩트 시 손목의 요측 굴곡과 척측 굴곡, 또는 손의 높낮이와 관계가 있다.

직접 손으로 클럽 페이스 모양을 만들어보자. 라이 앵글을 변화시키듯 손을 클럽 페이스처럼 만든 다음 손을 들어 올리거나 내리면 손바닥이 향하는 곳이 좌우로 변화하는 것을 알 수 있다. 대부분의 골퍼는 어드레스에서보다는 임팩트 시 측면에서 볼 때 샤프트가 더 세워진다. 그래서 원치 않게 클럽 페이스가 오픈되는 경우가 많아진다.

손의 높낮이 변화에 따른 손바닥 방향 비교

　샤프트가 약간 세워진다면 괜찮지만 지나치게 세워진다면 다운스윙 시 얼리 익스텐션과 더불어 캐스팅 문제가 있을 가능성이 매우 높다. 이러한 문제가 심하다면 임팩트 연습드릴을 통해 임팩트 시점에 올바른 클럽과 손의 위치를 익혀야 한다.

　그리고 스윙을 하지 않고 임팩트 자세에서 손의 위치와 모양을 이리저리 변화시켜보자. 임팩트 지점에서 클럽 페이스와 샤프트 각도, 손등, 손바닥, 손목을 여러 방향으로 만들어보며 각각의 움직임 서로 어떻게 관계하는지 확인하는 것이 전체적인 스윙에 있어서도 많은 도움이 될 것이다.

Chapter 05

팔로우 스루와
피니시

팔로우 스루와 피니시는 공을 치고 난 이후의 동작이
다. 팔로우 스루는 임팩트 이후 손이 허리나 명치 높
이에 있을 때의 동작을 말하고, 피니시는 풀스윙이 완
전히 마무리된 정지 자세다.
공을 치고 난 후의 동작이라 해서 소홀하게 생각하기
쉽지만 사실 팔로우 스루는 임팩트 구간에서 동작의
퀄리티에 따라 달라지기 때문에 몇 가지 중요한 사항
들이 관찰되는 자세다. 또한 피니시는 모든 동작이 마
무리되었을 때 균형을 잘 잡을 수 있는지 여부에 따라
동작의 일관성에 영향을 주기 때문에 중요하다.

정면 팔로우 스루와 피니시 체크 포인트

❶ 척추 각 유지

임팩트에서의 척추 각이 그대로 유지
되어야 한다. 팔로우 스루에서는 클럽
이 빠르고, 그로 인해 몸통이 안정적
으로 감속되며 회전축이 유지된다. 척
추 기울기를 유지해야 클럽과 손의 바
른 길 또한 유지된다. 피니시 자세에
서는 척추 각이 세워진다.

❷ 손목과 왼 팔꿈치 모양

클럽의 이동량에 따라 장갑을 낀 왼손
은 오른손보다 낮게 위치한다. 양팔을
몸 앞에 유지하고 왼 팔꿈치가 몸에
서 벗어나지 않는다면 왼 팔뚝이 회전
하게 되며, 팔꿈치가 지면을 향하면서
살짝 굽혀진다. 이때 오른팔은 완전히
릴리스되어 일직선으로 펴진다.

❸ 엉덩이 포지션

임팩트에서와 동일하게 왼 다리가 지
면과 수직이 된 상태에서 왼쪽 엉덩이
가 왼발 위에 위치한다.

Check 임팩트 이후에 엉덩이가 선에서
떨어지거나 무릎이 선을 넘어 지나가지
않는지 확인한다. 만일 임팩트에서만 약
간 떨어졌다면 팔로우 스루에서도 유지
하는 것이 좋다. 임팩트 지점의 왼쪽 엉
덩이 라인과 비교했을 때 유지되는지를
우선시한다.

NG 자세 확인하기 ❶

급하게 빨라지는 자세

임팩트에서 급작스럽게 몸과 손이 빨라지거나 올바른 릴리스를 하지 못하면 팔로우 스루 동작에서 엉덩이가 밀리거나 들리게 된다. 그렇게 되면 왼 어깨도 과하게 들리면서 클럽 헤드가 효율적으로 빨라지지 못하게 되고 팔로우 스루에서 오른 팔꿈치가 여전히 굽혀져 있기도 하다.

해당 NG 자세는 아이언 샷보다 드라이버 샷에서 좀 더 자주 발생한다. 슬라이스 구질, 지나치게 낮은 탄도, 탑핑을 치게 되면서 좋지 않은 영향을 끼친다.

보통 해당 NG 자세를 하는 골퍼들의 공통적인 문제점이라면 다운스윙에서는 손목이 미리 풀려버리고 뒤늦게 가속을 하곤 한다. 그래서 스윙 순서를 잘 만들어내는 연습이 필요하다.

때문에 클럽을 좌우로 흔드는 'L to L 하프 스윙 연습'을 하기를 추천한다. 쌍방향 시계추 스윙으로 몸통의 회전과 함께 클럽과 손의 이동 거리의 올바른 비율을 느낄 수 있고, 스윙의 리듬을 익혀 비교적 적은 몸통 회전과 힘에 비해 릴리스를 통한 효율적인 스피드를 경험할 수 있다.

해당 NG 자세는 기술적 요인이 주요 원인이지만 신체적인 요인으로는 상
하체의 안정성 문제를 꼽을 수 있다. 때문에 코어 힘을 기르고 팔로우 스루
시 몸통에서 던져지는 클럽의 느낌에 익숙해져야 한다.

몸과 팔의 안정화로
클럽이 던져지는 느낌으로
팔로우 스루 되는 모습

몸과 손이 급하게 빨라져서
릴리스가 되지 않음

NG 자세 확인하기 ❷

몸통을 지나치게 감속하는 자세

골프를 하면서 머리를 끝까지 움직이라는 말을 많이 들었거나 아직 공을 잘 맞추지 못하는 초보자들에게서 흔히 나타나는 NG 자세다.

팔로우 스루에서 지나친 감속은 비거리에 큰 손해를 준다. 또한 임팩트에서 몸이 클럽을 기다리느라 움직임을 멈춰버리면 양팔이 일찍 접히고 피니시가 제대로 나올 수 없다.

해당 NG 자세가 나타나게 되는 신체적 원인으로는 왼쪽 고관절 내 회전 부족이나 골반, 상체, 손목 회전 가동성 부족의 문제점을 꼽을 수 있다. 더불어 하체, 둔근을 제대로 사용하고 있지 못하는 경우들도 이에 포함된다.

스윙은 큰 원을 만드는 과정으로 스윙의 길을 만들고 그 길에 있는 공을 치게 되는 것이다. 그런데 지나친 감속은 원을 제대로 만들지 못하게 방해하고, 스윙의 길이 없어서 일정한 타격을 어렵게 만든다.

안정적인 회전으로 팔이 쭉 펴진 상태로
팔과 어깨의 삼각형을 이루는 모습

몸통을 지나치게 감속함으로 인해
팔이 접히는 모습

정면 팔로우 스루와 피니시 연습드릴 ❶

치고 돌아오기 드릴

팔로우 스루 동작에서 팔이 자연스럽게 펴지게 함과
동시에 임팩트의 질을 좋게 해주는 드릴이다. 시계
추처럼 공을 친 후 곧바로 되돌아오는 움직임을
하는 동안 클럽 헤드의 무게를 이용하게 되고,
그로 인해 불필요한 힘은 줄이며 스윙의 효
율이 어떻게 이루어지는지 알 수 있다. 해
당 드릴을 꾸준히 연습한다면 달라진
타구감을 경험할 수 있을 것이다.

1

2

3

3

❶ 셋업을 한다.

❷ 손을 백스윙 가슴 높이에 위치시킨다.

Tip 헤드 무게만을 이용해 클럽의 움직임에 내 몸을
맡기듯 움직인다.

❸ 팔로우 스루 가슴 높이까지 대칭의 형태로 스윙을
시계추처럼 해본다.

Tip 팔이 자연스레 늘어뜨려져 있고 클럽의 무게와 운
동 에너지를 느끼면서 중력에 의해 임팩트 구간
에서 저절로 빨라지고, 가슴 높이로 올라가면서
감속되고 되돌아 내려오게 된다.

Tip 위의 연습이 충분히 됐다면 직접 공을 치면서 연
습해본다.

정면 팔로우 스루와 피니시 연습드릴 ❷

풍선 안고 스윙 드릴

임팩트에서 몸통을 멈추는 문제로 팔로우 스루에서 몸통이 돌지 않는 경우 해당 연습드릴을 하면 좋다. 어깨와 가슴이 양팔을 잘 붙들고 있는 느낌을 받을 수 있고, 클럽의 움직임에 따라 몸통이 움직이는 원리를 알게 될 것이다. 풍선을 떨어뜨리지 않기 위해 사용되는 근육 부위를 정확히 알게 된다면 실제 스윙을 할 때 팔이 모이고 어깨가 잘 잡혀 있을 것이다.

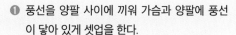

❶ 풍선을 양팔 사이에 끼워 가슴과 양팔에 풍선
   이 닿아 있게 셋업을 한다.
❷ 하프 백스윙을 한다. 풍선이 가슴과 양팔에 여
   전히 밀착되도록 유지한다.
❸ 팔로우 스루 지점까지 천천히 스윙한다.
   Tip 풍선을 떨어뜨리지 않기 위해 하체, 골반, 상
        체가 어떻게 움직이는지 느껴본다.
   Tip 충분히 연습됐다면 클럽을 잡고 스윙을 해보
        고, 공을 치면서 스윙을 해본다.

3

정면 팔로우 스루와 피니시 클리닉

뻣뻣한 햄스트링이 비거리를 까먹는다

햄스트링은 허벅지 뒤편에 위치한 소위 '뒷벅지 근육'이다. 오랜 시간을 앉아서 지내는 현대 생활 방식은 햄스트링 근육의 유연성을 떨어뜨리게 만든다. 이런 경우 햄스트링 근육이 제 역할인 무릎을 굽히거나 고관절을 펴는 동작이나 고관절의 내회전에 문제가 생기게 된다.

골프 스윙에 있어 뻣뻣한 햄스트링은 어드레스에서 '힙 힌지' 자세를 제대로 만들 수 없게 되어 'C형 자세'를 유발한다. 이 경우에는 제대로 파워를 만들어낼 수 없을 뿐만 아니라 허리가 굽힌 채로 스윙하게 되어 허리 디스크 등의 허리 통증을 유발한다. 또한 백스윙 탑에서 임팩트로 내려오는 전환 과정에서 골반이 제대로 회전하지 못하고 펴지게 만들어 '얼리 익스텐션' 또한 만들게 된다. 이렇게 되면 당연히 궤도가 흐트러지면서 원하는 방향으로 공을 보낼 수 없다. 또한 팔로우 스루 과정에서 왼 무릎이 펴지면서 회전이 일어나야 하는데, 왼쪽 햄스트링이 뻣뻣해서는 왼쪽 고관절의 내회전에 제한이 생길 수밖에 없다. 때문에 왼 다리가 잘 펴지지 않아 지면과의 접촉이 잘되지 않고 무게 이동도 일어나기 힘들다. 그렇게 되면 당연히 몸통 부분에서 회전에 더 만들어야 하기 때문에 허리 후관절이나 어깨 관절을 무리하게 꺾어 통증이 생기게 된다.

다음 동작들을 따라 하면서 햄스트링 유연성을 확인해보고, 햄스트링 근육의 스트레칭뿐만 아니라 근력까지 키울 수 있을 것이다.

햄스트링 스트레칭

햄스트링과 종아리 근육 스트레칭으로 무릎과 허리 통증 개선에 도움을 준다.

운동 시간 20초   운동 횟수 좌우 3회씩   운동 세트 1세트

① 하늘을 보고 누운 자세에서 양손으로 왼 허벅지 뒤를 잡는다.
② 오른 다리 무릎을 펴고 발끝은 당겨 양 다리가 90도가 되도록 다리를 들어올
린다. 반대쪽도 동일하게 진행한다.
  Tip 무릎이 쭉 펴져야 한다.

햄스트링 밴드 스트레칭

햄스트링 근력 강화와 유연성을 증가시키는 동작이다.

운동 횟수 좌우 10회씩   운동 세트 3세트   준비물 탄력 밴드

❶ 두 발에 밴드를 걸고 엎드린다.

❷ 3초 동안 천천히 무릎을 90도로 접었다가 3초 동안 천천히 무릎을 내린다. 반
대쪽도 동일하게 진행한다.

Tip 무릎을 접어 올릴 때 허리가 바닥으로 박히면서 펴지지 않도록 한다.

데드리프트

햄스트링의 구심성, 원심성 수축을 통해
유연성을 키워 하체 컨트롤에 도움이 되는 동작이다.

운동 횟수 10회   운동 세트 3세트   준비물 덤벨이나 물병

① 양손에는 덤벨을 들고 골반 너비로 다리를 벌린다. 무릎은 살짝 굽혀 고관절 힌
　지를 만들면서 상체를 앞으로 숙인다.
　　Tip 덤벨 대신 물병을 사용해도 좋다.
　　Tip 햄스트링이 충분히 스트레칭되는 느낌이 들 때까지 상체를 숙인다.
② 천천히 상체를 세워 바른 자세로 선다.
　　Tip 허리에 무리가 가지 않도록 복부의 힘을 충분히 유지한다.

스타일과 정확성을 동시에 갖춘 피니시를 만들어라

피니시에 들어가면 체중이 왼발 뒤꿈치로 이동하고 얼굴과 시선은 자연스럽게 타깃을 바라보며 균형을 잡는다.

피니시에서 마무리를 잘 하고 균형을 잘 잡는다면 스타일과 멋이 있는 스윙이 된다. 또한 항상 마무리를 일정하게 가져가게 되어 전체 스윙에 일관성과 정확성에도 좋은 영향을 줄 수밖에 없다.

'나는 왜 피니시에서 자꾸만 균형이 무너질까'를 고민한다면 다음의 세 가지 중에서 어떤 부분이 부족한지를 체크해보자.

유형 ❶   무게 중심에 따른 발의 느낌 변화

피니시에서 체중이 자꾸 왼발 앞꿈치로 간다면 골반 회전이 막히게 됨과 동시에 공 방향으로 넘어질 듯이 중심을 잃게 된다. 빈 스윙을 하면서 체중 이동이 자연스럽게 왼발 뒤꿈치로 이동할 수 있도록 발의 느낌에 집중하며 연습하면 좋다.

유형 ❷ 피니시에 필요한 왼쪽 하지 내회전

고관절 가동 범위 특히 피니시에서 왼쪽 고관절의 내회전은 골반이 피니시 자세의 위치로 회전하는 데 가장 가동 범위가 많이 필요하다. 만일 피니시에서 회전이 막히면서 중심을 잃는 기분이 든다면 이 문제일 가능성이 있다. 때문에 왼발을 바깥으로 열고 연습하면 효과적이다. 왼발을 열면 고관절 내회전의 가동 범위가 충분하지 않더라도 필요한 골반 회전을 할 수 있다.

유형 ❸ 피니시에 필요한 힙 익스텐션

힙 익스텐션으로 엉덩이를 수축하면서 다리와 허리를 펴는 동작은 강한 스윙과 균형에 있어 중요하다. 정면으로 스윙 동작을 체크할 때 허리, 엉덩이, 다리가 정렬되지 못하고 구부정하거나, 엉덩이가 뒤로 빠져 있거나, 체중이 왼발로 가지 못한다면 피니시 자세의 자세 정렬을 클럽 없이 양팔 어깨에 교차해 몸으로만 피니시를 하면서 위치를 잡는 연습을 하면 좋다.

측면 팔로우 스루와 피니시 체크 포인트

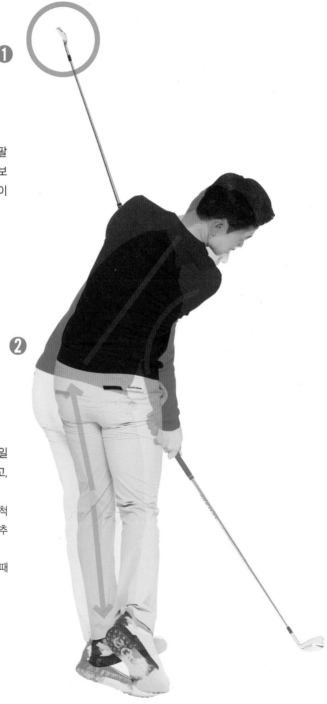

❶ 숨은 양팔과 보이는 클럽 헤드

팔로우 스루를 측면에서 봤을 때 양팔은 보이지 않고 클럽 헤드가 먼저 보인다. 피니시로 이어지면서 손, 팔이 왼 어깨 위로 드러난다.

❷ 척추 각

어드레스 자세에서의 척추 각과 동일해야 한다. 왼쪽 다리는 완전히 펴고, 상체와 골반은 측면 굽힘이 생긴다.

Check 측면 어드레스 자세를 촬영해 척추에 선을 긋고 팔로우 스루에서도 척추 각이 동일한지 확인한다.

Check 어깨와 골반에 선을 그었을 때 기울어진 선이 나타나는지 확인한다.

❸ 오른발 뒤꿈치

골반과 상체가 많이 회전될수록 엉덩이와 등이 보이고, 오른발 뒤꿈치가 바닥에서 떨어져서 도중에 잠깐 멈추는 팔로우 스루가 생긴다. 피니시로 이어지면서 다시 움직여서 발바닥이 완전히 보이며 오른발 뒤꿈치는 하늘을 향한다.

Tip 피니시 자세에서는 측면 굽힘이 거의 없이 세워진다.

NG 자세 확인하기 ❶

로스 오브 포스처

다운스윙 시 힙이 앞으로 나오지 않아도 임팩트 지점부터 팔로우 스루까지 오른 엉덩이가 공 쪽으로 나오면서 자세가 무너지는 로스 오브 포스처(Loss of posture)가 생긴다. 주로 남성 아마추어 골퍼들에게서 흔하게 나타나는 NG 자세다.

로스 오브 포스처는 정면 자세에서의 행잉백 문제를 동반한다. 왼 다리에 체중이 실리며 왼쪽 힙을 뒤로 밀어내야 팔로우 스루에서 자세가 유지되는데, 체중이 오른쪽에 남아 있으면 오른쪽 힙을 앞으로 나오게 하므로 골반 회전을 하게 되면서 정면, 측면 모두 힙이 제 위치에 있을 수 없게 되는 것이다. 이로 인해 클럽 페이스는 심하게 닫혀서 훅 구질을 만들게 되고, 심한 경우 클럽의 경로가 막히면서 섕크가 발생하기도 한다.

기본적으로 로스 오브 포스처는 다운스윙에서 중심 이동과 시퀀스가 맞아야 교정이 되지만, 다운스윙이 잘 되었어도 임팩트 이후에 자세가 무너진다면 그때는 문제가 되는 신체적 요인을 바로잡아야 한다.

무릎을 펴고 발끝 닿기가 되지 않는다면
햄스트링의 유연성이 떨어진다는 의미다. 왼
다리의 유연성이 부족하면 오른쪽이 앞으로 나
오게 되어 있다. 또는 왼 다리의 내회전 부족으로
고관절의 가동성이 부족하면 오른쪽 힙이 앞으로
나오게 되어 있다.

치킨윙

팔로우 스루에서 클럽 헤드가 몸 왼쪽에서 먼저 보여야 하는데, 클럽 헤드보다 왼 팔꿈치가 먼저 보인다면 치킨윙이다. 치킨윙이 일어나면 비거리 손실이 크고 클럽 헤드의 경로가 아웃인으로 빠지기 쉬워 슬라이스를 유발한다. 치킨윙은 정면에서도 확인이 가능하다.

측면에서 치킨윙 확인

다운스윙에서 오버 더 탑이나 캐스팅이 있을 경우 치킨윙이 일어나기 쉽고, 그러한 문제가 없더라도 임팩트에서 손을 지나치게 감속하면 클럽 헤드가 일찍 지나치면서 왼 손등이 접히는 스쿠핑의 문제 때문에 치킨윙이 일어나기도 한다.

정면에서 치킨윙 확인

왼 손등이 리드하고 왼 다리에 체중이 실리는 올바른 임팩트 포지션을 익혀야 한다. 임팩트 이후 팔뚝의 회전을 동반한 올바른 릴리스 동작을 익혀야 치킨윙 문제를 해결할 수 있다.

중심 이동 등 팔로우 스루에서 치킨윙이 나오지 않게 하려면 신체에서 허락되어져야 하는 것들이 많다. 신체 제한의 요인으로는 왼팔, 왼 어깨 외회전에 제한이 있거나 양손의 회내, 회외, 왼 손목의 굴곡(Bow)에 제한이 있는 경우가 있다. 그 외에도 고관절 유연성, 골반 회전 가동성이 부족해 몸통 회전이 제대로 이루어지지 못하는 경우도 있다.

신체 제한과 관계없이 움직임 중에 치킨윙이 나오는 경우를 자세히 살펴보면 여러 원인이 있다.

중심이 발 앞꿈치 쪽으로 쏠리면 팔을 펼치지 못하고 당기게 되는 형태로 치킨윙이 될 수 있다. 다운스윙 시 클럽이 궤도의 바깥에서 진입하는 경우 공을 맞추기 위해 본능적으로 당기게 되어 치킨윙이 나올 수 있고, 공을 떠올리기 위해 왼 어깨를 치켜 올리면 타깃 방향으로 회전히 막히기 때문에 치킨윙의 원인이 되기도 한다. 또한 과도한 백스윙의 회전은 상대적으로 팔로우 스루 방향으로는 회전의 범위가 짧아져 팔이 일찍 접히게 되어 치킨윙이 나올 수 있으며, 마지막으로 다운스윙 시 너무 일찍 힘을 주어 가속시키면 임팩트에서 너무 일찍 감속이 되어 클럽 헤드가 몸과 팔을 일찍 따라 잡고 지나치면서 팔이 접히는 치킨윙이 나올 수 있다.

이처럼 치킨윙이 일어나는 원인이 다양한 이유는 신체 제한과 더불어 전체 스윙의 흐름과 균형, 스윙 궤도, 스윙의 이미지에도 영향을 받기 때문이다.

발과 몸의 균형, 중심 이동, 몸통 회전에 의해 바른 순서로 손목과 팔이 펼쳐지고, 바른 궤도와 클럽, 팔, 몸통의 속도가 조화롭게 되어야 치킨윙을 바로잡을 수 있다.

측면 팔로우 스루와 피니시 연습드릴 ❶

헤드로 던지기 드릴

팔로우 스루 동작을 만드는 데 있어 필요한 임팩트 포지션과 힘 전달 방향, 릴리스를 동시에 연습하기 좋은 드릴이다. 이 연습드릴을 반복하면서 좋은 팔로우 스루 자세를 완성할 수 있다. 실제로 공을 던지기는 어렵겠으나 던지는 것 자체가 중요하지 않기 때문에 공이 던져지지 않더라도 상관없다. 백스윙 없이 팔로우 스루만 집중해서 연습할 수 있다.

❶ 공을 바닥에 놓고 셋업을 한다.

❷ 바로 임팩트 포지션을 만든다. 엉덩이를 타깃에 가깝게 위치시켜 체중이 왼발에 있게 하고, 손의 위치도 타깃에 약간 가깝게 하여 샤프트가 기울어지도록 한다. 클럽 페이스는 타깃에 스퀘어로 만든다.

  Tip 오른 팔꿈치는 살짝 구부러지고 몸 쪽으로 파고들게 된다. 왼 손등은 펴진다.

❸ 클럽 페이스로 공을 똑바로 밀어낸다.

❹ 클럽 헤드가 자연스럽게 빨라져서 손을 지나쳐 가고, 장갑을 낀 손이 아래에 위치하도록 한다.

  Tip 양 팔꿈치는 지면을 향하고, 왼팔은 약간 접힌다. 머리의 위치를 그대로 유지하면서 클럽, 팔, 몸통의 움직임이 올바른 플레인으로 움직이게 된다.

  Tip 공 던지기를 여러 번 한 후에 백스윙을 30센티미터 정도만 하고 팔로우 스루로 공을 아주 가볍게 쳐본다.

측면 팔로우 스루와 피니시 연습드릴 ❷

메리 고 라운드 드릴

골프 교습가들이 많이 쓰는 연습드릴이다. 팔로우 스루뿐만 아니라 다운스윙, 임팩트까지 동적 포스처를 잘 지킬 수 있게 해준다. 자세 무너짐과 얼리 익스텐션을 교정하기에 매우 좋은 연습드릴이다.

❶ 양손을 교차해서 클럽을 가슴에 대고 셋업을 한다. 이때 클럽 헤드가 오른쪽에 위치하도록 한다.

❷ 체중을 왼발로 천천히 이동하면서 클럽 헤드가 공이 있는 자리까지 오도록 한다.

  Tip 상체 축이 무너지거나 들리지 않도록 한다.

  Tip 클럽 페이스는 목표를 향한다.

  Tip 천천히 진행하면서 축이 어떻게 유지되면서 몸이 움직이는지 느껴본다.

좋은 팔로우 스루 동작으로
스윙의 흐름을 좋게 하라

다운스윙에서 임팩트까지 일련의 동작들이 잘 되어져야 좋은 팔로우 스루가 나온다. 하지만 연습 과정에서 좋은 팔로우 스루 동작으로 만들려고 할 때 반대로 좋은 다운스윙과 임팩트가 나오기도 한다. 다만, 팔로우 스루 동작에서 손목이 교차되지 않기 위해 너무 일찍이 손목을 돌리거나 클럽 페이스를 닫는 실수를 하지 않기 위해서는 임팩트 포지션 연습을 병행하는 것이 좋다.

팔로우 스루 연습을 많이 했다면 팔로우 스루 위치에서 멈췄다가 백스윙 방향으로 그네를 태우듯 갔다가 다시 팔로우 스루 위치로 돌아오는 연습을 해주면 클럽 헤드 무게를 이용한 스윙의 흐름을 만들면서 편안한 움직임을 가져갈 수 있다.

반대로 백스윙 자세에서 시작해 그네를 태우듯이 팔로우 스루 자세로 보냈다가 백스윙으로 돌아와서 멈추는 연습도 해보자.

두 가지 모두 잘 된다면 멈추지 않고 시계추처럼 양쪽으로 왔다 갔다 이어지게 해본다.

팔로우 스루 동작이 잘 되기 위해서는 이처럼 스윙의 흐름이 잘 이어져야 한다. 헤드 무게를 잘 다루는 것과 더불어 몸의 각 부위가 조화롭게 움직여야만 한다.

시작점을 팔로우 스루 위치에 미리 잡아놓고 그 위치로 되돌아오게 하는 연습을 통해 얻을 수 있는 효과는 크게 세 가지다.

첫째, 이미 펴진 팔을 가진 팔로우 스루 자세에서 시작해서 그 모양으로 되돌아올 수 있는 과정을 익히게 된다. 둘째, 머리의 중심과 몸의 축이 지켜진 상태의 팔로우 스루 자세에서 시작해 움직이는 와중에 그것들이 지켜질 수 있는 과정을 익히게 된다. 셋째, 골반과 상체가 필요한 만큼 타깃 방향으로 회전되어진 팔로우 스루 자세에서 시작해 그 정도로 회전할 수 있는 가동성을 만드는 과정을 익히게 된다.

이처럼 팔로우 스루 자세에서 시작하는 스윙 연습은 언뜻 팔로우 스루 자세의 모양만을 연습하는 것처럼 보이지만 사실은 움직이는 동작에서 그 위치로 이어지는 동작들의 흐름을 좋게 만들어준다는 매우 큰 장점이 숨어 있다.

좋지 않은 스윙 흐름으로 공을 치면서 억지로 팔로우 스루를 만들기보다는 공 없이 팔로우 스루를 먼저 하고 백스윙을 했다가 되돌아가는 연습을 꼭 해보자.

라운딩 전 워밍업과
골프 부상 Q&A

골프 라운딩 전 워밍업은 부상 방지와 스코어 향상을 위해 필수다. 준비되지 않은 상태에서 스윙에 들어가면 심각한 부상으로 이어질 수 있으므로 라운딩 전 충분한 워밍업이 필요하다.

추가로 대표적인 골프 부상에 대한 궁금증과 부상을 예방하고 통증을 완화할 수 있는 방법에 대해 담았다.

스트레칭에도 종류가 있다

근육을 최대로 늘려 30초 이상 유지하는 것을 정적 스트레칭(Static stretching)
이라 하고, 스포츠 동작과 유사한 동작을 통해 관절의 최대 가동 범위까지 리
듬 있게 움직이는 것을 동적 스트레칭(Dynamic stretching)이라고 한다.

보통 골프장에 가면 캐디가 시키는 목 꺾기, 손목 꺾기와 같은 동작들이 정
적 스트레칭에 해당하는데, 이러한 정적 스트레칭은 근육의 워밍업을 방해하
고 부상에 더욱 취약하게 만든다. 우리 몸은 근육이 과도하게 늘어나게 될 때
길이 변화를 감지하여 근육이 더는 늘어나지 못하게 수축시키는 반사 기전
을 작용한다. 하지만 스트레칭을 과하게 하면 이 기능이 떨어져 오히려 손상
을 야기한다. 이제껏 별 생각 없이 목을 옆으로 기울이고 팔을 당기는 스트레
칭을 수십 초 하고 있었다면, 이제는 당장 멈춰야 한다. 정적 스트레칭은 운
동이 끝난 후에 근육을 풀기 위해 필요한 동작들이다.

반대로 동적 스트레칭은 다른 말로 '웜업(Warm-up)'이라고 표현한다. 골프 동
작과 비슷한 몸통 회전, 스윙과 같은 동작들로 근육이 더 빨리, 더 큰 힘으로
수축할 수 있도록 준비시키는 것이다. 많은 스포츠 논문들에서 정적 스트레
칭을 한 경우와 동적 스트레칭을 한 경우를 비교했을 때, 실제로 정적 스트레
칭을 한 그룹의 운동 수행도가 낮게 나왔다. 골프 선수들을 대상으로 한 연구
에서 또한 동적 스트레칭을 한 그룹의 클럽 헤드 스피드나 샷의 퀄리티가 훨
씬 좋게 나타나기도 했다.

라운딩 전에 해야 하는 워밍업 스트레칭

대한골프의학연구회에서는 경기 직전의 올바른 스트레칭을 통해 부상을 예방하고 경기력을 향상시키기 위해 캠페인을 통해 다음에 소개하는 동작들처럼 동적 스트레칭을 할 것을 추천하고 있다.

다음으로 라운딩 또는 스윙 연습 전에 해야 하는 워밍업 동작들을 소개한다. 스윙 전반에 걸쳐 중요한 어깨, 몸통, 고관절의 유연성과 손목, 발목의 안정성을 높이는 데 도움이 되는 동작들이니만큼 꾸준히 한다면 부상을 예방하고 골프 컨디셔닝을 높일 수 있을 것이다.

라운딩 전
동적 스트레칭

앞뒤꿈치 번갈아 들기

발목과 종아리 부위의 유연성을 높여
발목 부상을 예방할 수 있는 동적 스트레칭 동작이다.

운동 횟수 8회   운동 세트 1세트

❶ 양발을 골반 너비로 벌리고 서서 발끝을 위로 들어 올린다.
❷ 발끝을 내리고 뒤꿈치를 위로 들어 올리며 동작을 반복한다.

어깨, 팔 회전 운동

어깨의 외, 내회전 유연성을 키워 상지 부상을 예방할 수 있는 동작이다.

운동 횟수 8회　운동 세트 1세트

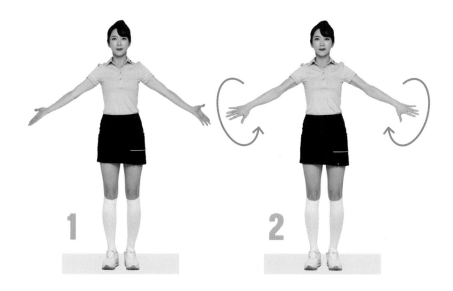

❶ 양팔을 45도 위로 들어 올린 상태에서 손가락을 펴고 손바닥이 하늘을 향하도록 한다.

　　Tip 손끝까지 힘을 준 상태로 팔을 쫙 펴고 어깨에서부터 회전이 시작하도록 한다.

❷ 양팔을 반대로 돌려 손바닥이 바닥을 향하도록 한다.

어깨 좌우로 반원 그리기

어깨 유연성을 높여 비거리를 늘리는 데 도움이 되는 동작이다.

운동 횟수 좌우 8회씩   운동 세트 1세트

❶ 양팔을 오른쪽 위로 뻗는다.
❷ 시계추처럼 양팔을 왼쪽으로 크게 돌린다. 반대 방향으로도 동일하게 진행한다.

손등 발끝 닿기

몸통 회전력을 증가시키고 허리 부상을 예방하는 데 도움이 되는 동작이다.

운동 횟수 좌우 8회씩   **운동 세트** 1세트

❶ 다리를 어깨 너비보다 살짝 넓게 벌리고 선다.
❷ 허리를 굽혀 오른손이 왼발 끝에 닿도록 한다. 반대쪽도 동일하게 진행한다.

클럽 손목 운동

팔꿈치와 손목 부상을 예방하기 위한 근육 워밍업 동작이다.

운동 횟수 5회   운동 세트 1세트   준비물 클럽

❶ 어깨 너비로 앞으로 팔을 뻗어 손바닥이 바닥을 향하게 하여 클럽을 잡아 손목
   을 위로 들어 올린다.
❷ 손목을 아래로 움직인다.
   Tip 손바닥을 뒤집어 하늘로 향하도록 한 뒤 손목을 위아래로도 움직여본다.

허벅지 앞뒤 차기

하체 근육 워밍업과 햄스트링을 스트레칭하는 동작이다.

운동 횟수 앞뒤, 좌우 8회씩   운동 세트 1세트   준비물 클럽

❶ 양발을 골반 너비로 벌리고 선 뒤 한 손으로 클럽을 잡고 나머지 한 손은 골반 위에 둔다. 오른발 끝을 위로 당기는 느낌으로 올려 찬다.

❷ 오른발 뒤꿈치를 뒤로 당기는 느낌으로 찬다. 반대쪽도 동일하게 진행한다.

   Tip 앞뒤 차기를 마친 다음 옆으로도 발차기를 한다.

273

양팔 위로 뻗어 옆으로 구부리기

기립근 스트레칭으로 몸통 회전력을 높여주는 동작이다.

운동 횟수 좌우 8회씩   운동 세트 1세트   준비물 클럽

① 어깨 너비로 클럽을 잡은 후 팔을 위로 뻗는다.

② 천천히 2초에 걸쳐 상체를 오른쪽으로 굽힌 뒤 제자리로 돌아온다. 반대쪽도 동일하게 진행한다.

Tip 엉덩이가 옆으로 빠지지 않도록 한다.

Tip 빠르게 진행 시 부상의 위험이 있을 수 있으니 천천히 동작을 진행한다.

클럽 런지 로테이션

몸통 회전력을 높이고 하체 안정성을 높여 비거리를 키우는 동작으로
가장 중요한 워밍업 동작 중 하나다.

운동 횟수 **좌우 4회씩**   운동 세트 **1세트**   준비물 **클럽**

❶ 왼 무릎을 뒤로 굽혀 앉은 상태에서 클럽을 어깨 너비로 잡은 뒤 양팔을 앞으로 뻗는다.

❷ 오른쪽으로 몸통을 회전한다. 반대쪽도 동일하게 진행한다.

클럽 트렁크 로테이션

몸통 회전력을 증가시키고 허리 부상을 예방하는 데 도움이 되는 동작이다.

운동 횟수 **좌우 8회씩**   운동 세트 **1세트**   준비물 **클럽**

1

❶ 양손을 어깨 너비보다 조금 넓게 벌려 클럽을 목 뒤에 걸쳐 잡고 허리를 앞으로
약간 굽힌 뒤 고개와 허리를 오른쪽으로 돌린다. 반대쪽도 동일하게 진행한다.

하프스윙 풀스윙

실제 스윙에 앞서 동작을 점검하고 컨디션을 끌어올릴 수 있는 동작이다.

운동 횟수 하프, 풀 스윙 4회씩　운동 세트 1세트　준비물 클럽

❶ 클럽을 잡고 하프 스윙을 4회 진행한다.
❷ 풀 스윙을 4회 진행한다.

Q 스윙을 하면 허리가 아픈데
골프를 계속해도 되나요?

A 골프를 할 때 부상의 3분의 1을 차지할 만큼 가장 흔하게 나타나는 것이 바로 '허리 통증'이다. 스윙을 할 때 허리에 우리 몸의 8배에 달하는 스트레스가 전해지다 보니 당연히 자주 연습하고 라운딩을 하면 그에 비례하여 통증이 생기게 된다. 하지만 연습량 외에도 나쁜 스윙의 메커니즘을 가지고 있다면 적은 양의 연습만으로도 부상의 위험이 증가한다.

허리는 아프지만 골프를 계속하고 싶다면 정답은 간단하다. 아플 때는 우선 1~2주 동안 쉬면서 병원에서 통증 치료를 하되, 나쁜 습관을 체크해보고 허리를 보호할 수 있는 스윙으로 바꿔야 한다. 더불어 허리를 지키는 코어 근육을 키워야 한다.

보통 골프를 하면서 허리가 아픈 경우에는 여러 원인이 있겠지만 크게 허리 쪽 요추뼈와 그 사이 디스크, 그리고 뒤쪽의 후관절 부위, 인근 근육들이 다치게 된다. 실제로 환자들에게서 자주 듣는 문제점과 그에 따른 해결책에 대해 이야기해보겠다. 오른손 골퍼들을 기준으로 서술한 것이니 참고하자.

○ 오른쪽 허리와 몸통이 자주 아파요

주로 오른쪽 허리가 아프다면 척추 후관절이나 그 주위의 인대를 다치는 경우가 많다. 이는 허리를 무리하게 뒤로 젖히고 오른쪽으로 상체를 무리하게 숙이기 때문이다. 무리하게 백스윙을 하거나 스웨이(112페이지 참고), 리버스 척추 각(38페이지 참고)을 만들면서 몸통이 오른쪽으로 많이 꼬이게 되는 경우가 이에 해당한다. 또한 다운스윙 구간에서 얼리 익스텐션(176페이지 참고)이 일어나면서 척추를 젖히면서 돌리기 때문에 오른쪽 허리 뒤쪽에 압박이 생기는 것도 허리 통증의 원인이 될 수 있다.

이러한 경우 앞서 소개한 NG 교정 방법과 운동 동작들을 통해서 자세를 고쳐야 한다. 최대한 중심축을 유지하면서 허리보다는 골반과 흉추 쪽에서 회전 동작이 일어날 수 있도록 해야 한다.

○ 피니시 때 허리가 많이 아파요

프로 골퍼들의 피니시를 보면 멋지게 역 C자 커브를 그리지만, 아마추어나 특히 주말 골퍼들이 이 자세를 무리하게 따라 하다가는 허리가 망가지기 십상이다. 특히 척추 분리증이나 전방전위증을 가지고 있다면 더더욱 주의가 필요하다. 왼쪽 허리가 아픈 경우라면 몸통 유연성이 없음에도 무리하게 피니시를 해서 왼쪽 척추 후관절을 다치는 경우일 수 있으니 일자로 정면을 바라보는 구간까지만 피니시를 하는 것을 추천한다.

이고은 원장이 알려주는 골프 부상 Q&A

○ 허리 디스크가 있는데 골프를 해도 될까요?

허리 부위의 요추는 주로 굽히고 펴는 동작을 담당하고, 가슴 부위의 흉추는 회전을 담당한다고 생각하면 쉽다. 특히 허리 디스크 질환이 있는 사람이라면 허리를 비틀기보다는 명치 부위의 흉추를 회전시키는 스윙에 더욱 익숙해져야 한다. 허리 디스크를 악화시키는 힘은 허리를 회전하면서(Rotation) 눌리고(Compression) 옆으로 밀리는(Shearing) 힘이기 때문이다. 골프 스윙에서도 이러한 힘의 원리를 이용하기 때문에 허리 디스크가 있는 경우라면 스윙의 크기와 힘을 줄여야 한다. 특히 어드레스에서 C자형 자세를 하는 경우 이미 요추를 굽히고 스윙이 시작되어 디스크에 스트레스가 많이 전달되므로 꼭 중립 자세로 교정할 것을 추천한다.

추가로 허리를 자주 삐거나 엉덩이, 허벅지로 방사통까지 있다면 통증이 나을 때까지 치료를 받으면서 골프를 잠시 쉬기를 바란다. 하지만 다시 골프를 시작하고 싶다면 조건이 따른다. 요추 부위는 안정적으로 고정하고 몸통의 회전이 흉추부에서 잘 일어나야 하는데, 이를 위해서 굽은 등을 펴고 복사근의 힘을 길러야 한다. 84페이지에 소개된 운동 동작들을 참고하여 충분히 재활을 한 후에 골프에 복귀하자. 또한 퍼팅 연습을 할 때 허리를 너무 오래 숙이고 있거나 무거운 골프백을 들지 않도록 주의가 필요하다.

Q 골프를 하면 팔꿈치가 아파요

A   골퍼에게 가장 흔히 나타나는 팔꿈치 손상은 골프 엘보우(Golf elbow)라고 불리는 내상과염과 테니스 엘보우(Tennis elbow)라고 불리는 외상과염이 있다. 재미있는 사실이라면 5배가 넘는 수치로 골퍼에게서 골프 엘보우보다 테니스 엘보우가 더 자주 발생한다고 한다. 오른손잡이 골퍼를 기준으로 주로 오른손의 내측 팔꿈치, 왼손의 외측 팔꿈치에 부상이 일어나는 것이다.

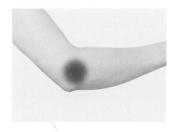

골프 엘보우 통증 부위

   이러한 문제가 나타나는 원인에는 주로 뒤땅을 치거나 디봇을 심하게 만들면서 팔꿈치로 충격이 전달되는 경우가 있다. 또는 그립

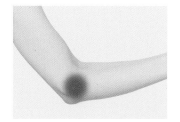

테니스 엘보우 통증 부위

을 너무 세게 잡고 팔꿈치를 펴서 공을 치는 경우도 해당된다. 이는 칩샷이나 퍼팅 때도 동일하게 적용된다.

   골프 엘보우나 테니스 엘보우 모두 손목을 움직이는 근육의 끝인 힘줄이 팔꿈치 뼈에 붙는 부위에 염증이 생기거나 심한 경우 파열이 생겨서 통증이 생기게 되는 것이다. 즉 손목을 잘못 움직이다가 다치게

되는 경우가 많다는 뜻이다.

임팩트 때 손보다 헤드를 먼저 보내는 스쿠핑의 경우 리드하는 팔, 주로 왼손목을 펴는 힘이 과도하게 전달되어 왼 팔꿈치의 외측 통증을 유발하게 된다.

캐스팅은 다운스윙 시에 손목이 일찍 풀려버리는 경우를 말하는데 스쿠핑과 뒤땅의 원인이 되어 팔꿈치에 충격이 가해질 수 있어 주의가 필요하다.

마지막으로 왼 팔꿈치를 굽히고 손목을 젖힌 채 임팩트가 되는 치킨윙의 경우도 마찬가지의 원리로 팔꿈치 통증을 야기한다. 이러한 잘못된 손목의 사용은 반드시 교정이 필요하다. 이미 통증이 지속되어온 상태라면 근육의 질을 개선시키는 것이 중요한데, 특히 근육의 방향이 길어지는 방향으로 운동을 해주는 것이 중요하다. (206페이지 참고)

Q 골프를 하면 어깨가 아파요

A 골퍼에게서 나타나는 손상들 중 어깨 통증은 약 15퍼센트 정도를 차지한다. 오른손잡이 골퍼를 기준으로 골프를 치면서 통증을 느끼는 어깨는 주로 왼쪽 어깨다. 백스윙이나 피니시로 가는 구간에서 다치는 경우가 많다. 어깨 질환에도 여러 가지가 있지만 주로 충돌증후군이나 회전근개 손상이 일어나는 빈번하게 일어난다. 팔을 들어 올리면서 어깨의 지붕 역할을 하는 견봉에 주로 회전근개 근육이 많이 끼게 되면서 통증이 생기는 것이다.

어깨 통증을 유발하는 흔한 원인으로는 어드레스에서의 잘못된 C자세를 들 수 있다. 등이 굽으면 등의 회전 반경이 줄어들고 상대적으로 몸통 회전 대신에 스웨이를 만들거나 리버스 앵글 등을 만들면서 팔이 높아지는 과도한 백스윙으로 이어진다. 또한 팔로우 스루 과정에서도 등이 잘 펴지지 않으니 왼쪽 어깨만 높여서 피니시를 하면서 회전근개 충돌 상황에 놓이게 하여 부상으로 이어지는 것이다. 앞서 설명한 백스윙 단계에서의 플랫 숄더 플레인 또한 왼쪽 어깨의 이두박근에 충돌을 야기하는 흔한 원인이기도 하다. (132페이지 참고)

굽은 등이 어깨 회전근개 손상의 원인이라는 것은 의학 연구에서도 밝혀져 있다. 즉 굽은 등을 펴서 몸통이 잘 회전할 수 있도록 만들어주는 것이 중요하다. (84페이지 참고)

팔을 뻗어서 휘두르는 동안 몸통의 힘이 어깨를 통해서 팔까지 잘 전달되기 위해서는 어깨 관절이 안정성을 가지고, 날개뼈가 제 위치를 지켜야 한다. 이를 위해서는 광배근, 승모근과 같은 몸통 근육과 전거근과 같은 어깨의 코어 근육들의 근력이 중요하다. (58페이지 참고)

Q 골프를 하면 엄지손가락 쪽 손목이 아파요

A   초보 골퍼에게서 엄지손가락 부근 손목에서 통증이 일어나는 드퀘르뱅힘줄염이 많이 나타난다. 그립을 잡을 때 엄지손가락을 길게 뻗어 클럽을 덮어 누르는 힘을 쓰거나, 백스윙을 할 때 스웨이를 하면서 클럽을 멀리 뻗어서 코킹을 늦게 하면 클럽의 무게가 손목에 손상을 주면서 힘줄염이 일어나기도 한다. 또한 캐스팅이 되면서 이 부위의 힘줄에 염좌를 일으키기도 한다.

드퀘르뱅 힘줄염 통증 부위

엄지손가락 보조기

올바른 그립을 잡기 위해서는 오른손으로 클럽을 들어 왼쪽 손가락을 굽혀 올린 다음 지그시 왼 손바닥으로 눌러 잡도록 한다. 이때 엄지손가락은 살짝 클럽을 덮는 정도의 느낌을 가져가면 된다.

만약 통증이 생겼다면 병원에서 힘줄 주위 염증을 줄이는 주사, 충격파, 물리치료 등 여러 치료 방법이 있다. 또한 통증이 줄어들 때까지 엄지손가락 보조기(Thumb spica)를 착용하는 것을 추천한다.

이고은 원장이 알려주는 골프 부상 Q&A

Q 골프를 하면 새끼손가락 쪽 손목이 아파요

A 뒤땅을 치거나 연습장 매트에 클럽이 부딪힌 후 새끼손가락 쪽 손목이 심하게 아픈 경우들이 있다. 조금 쉬면서 통증이 낫는다면 다행이지만 통증이 지속되거나 뚝뚝 소리가 난다면 척측수근신근 (Extensor carpi ulnaris, ECU) 힘줄염을 의심해보아야 한다. 이 근육은 손목을 새끼손가락 쪽에서 손등 방향으로 위로 들어올리

척측수근신근 힘줄염 통증 부위

는 역할을 하는데, 오른손잡이 골퍼를 기준으로 왼손이 주로 리드하면서 움직임이 많이 일어나게 되면서 많이 다치게 된다. 다운스윙 시에 왼 손등이 젖혀진 채로 내려오다가 땅에 부딪히게 되면 그 충격이 손목과 척측수근신근 쪽으로 전달된다. 비슷한 원리로 잦은 캐스팅 또한 손목 부상의 원인이 된다.

결론적으로 상지의 힘을 너무 세게, 그리고 손목의 움직임을 불필요하게 많이 만들지 않고 몸통 스윙에 따라 팔을 자연스럽게 맡기는 것이 중요하다.

또 하나 새끼손가락 쪽 손목에는 삼각섬유연골복합체(Triangular fibrocartilage complex, TFCC)라는 구조물이 있는데, 연골과 인대가 결합되어 아래팔 뼈와 손목 뼈 사이에 끼어 있는 구조다. 손목의 충격을 흡수하고 자연스러운 움직임을 만들어내는 구조인데, 웨이트나 골프 등 직업상 손목을 많이 쓰는 경우에 반복적인 움직임으로 인해 연골이 닳게 되어 통증을 만들거나 움직일 때 소리가 나기도 한다. 심한 경우에는 문을 밀거나 바닥을 짚고 일어서는 자세에서 큰 통증이 생기기도 한다.

　앞서 설명한 힘줄염이나 연골 손상 모두 급성기에는 운동을 쉬고 보조기를 이용해 물리치료, 약물, 주사 등의 염증 치료를 병행해야 한다. 이후 통증이 좋아진 후에도 쉽게 재발할 수 있기 때문에 캐스팅, 스쿠핑, 뒤땅 등에 주의하면 골프를 즐겨야 한다.

플로우 골프 클리닉

펴낸날 초판 1쇄 2021년 11월 19일

지은이 최대룡 · 이고은

펴낸이 강진수
편 집 김은숙, 김도연
디자인 임수현

사 진 헬로스튜디오 조은선 실장 (www.sthello.com)
그 림 밍카의 하루하루 조민경 (@mingka_haruharu)

인 쇄 (주)사피엔스컬처

펴낸곳 (주)북스고 **출판등록** 제2017-000136호 2017년 11월 23일
주 소 서울시 중구 서소문로 116 유원빌딩 1511호
전 화 (02) 6403-0042 **팩 스** (02) 6499-1053

ISBN 979-11-6760-013-4 13690

책 출간을 원하시는 분은 이메일 booksgo@naver.com로 간단한 개요와 취지, 연락처 등을 보내주세요.
Booksgo는 건강하고 행복한 삶을 위한 가치 있는 콘텐츠를 만듭니다.